高效学习密码
知信行三维管理学习

冯云霞 武守强◎著

清华大学出版社
北京

内 容 简 介

本书根植于我国社会文化所倡导的知信行价值土壤，以管理学习和组织学习的场景为依托，提出知信行三维管理学习模式。作者明确指出"信念"是组织学习和管理学习的根本，它具有超越性、实践性和社会性等特征。当信念和认知相遇，认知才能够聚焦；当行动和信念联结，行动才会产生价值。本书总结了三维管理的学习模式：以行促知、以知践行、以信引行、以行验信、以信择知、以知笃信和致良知。

三维管理学习对企业组织和管理干部的价值大。它一方面能够有效促进企业战略落地、适应环境和敏捷创新；另一方面能够帮助管理干部和职场人士提升能力、开发潜力和自我演化。更重要的是，三维管理学习有助于管理者获得洞察力、共情力和反思力，同时也是管理者提升境界和坚定信念的关键所在！

本书适合职场人士、管理干部、企业组织和党政机关决策者阅读和使用。

本书封面贴有清华大学出版社防伪标签，无标签者不得销售。

版权所有，侵权必究。举报：010-62782989，beiqinquan@tup.tsinghua.edu.cn。

图书在版编目(CIP)数据

高效学习密码：知信行三维管理学习 / 冯云霞，武守强著. —北京：清华大学出版社，2022.9

ISBN 978-7-302-61362-6

Ⅰ.①高… Ⅱ.①冯… ②武… Ⅲ.①管理学 Ⅳ.①C93

中国版本图书馆CIP数据核字(2022)第124511号

责任编辑： 左玉冰
封面设计： 汉风唐韵
版式设计： 方加青
责任校对： 王荣静
责任印制： 宋　林

出版发行： 清华大学出版社
网　　址： http://www.tup.com.cn, http://www.wqbook.com
地　　址： 北京清华大学学研大厦A座
邮　　编： 100084
社 总 机： 010-83470000
邮　　购： 010-62786544
投稿与读者服务： 010-62776969, c-service@tup.tsinghua.edu.cn
质 量 反 馈： 010-62772015, zhiliang@tup.tsinghua.edu.cn

印 装 者： 三河市君旺印务有限公司
经　　销： 全国新华书店
开　　本： 170mm×240mm　　**印　张：** 12.5　　**字　数：** 157千字
版　　次： 2022年10月第1版　　**印　次：** 2022年10月第1次印刷
定　　价： 69.00元

产品编号：089888-01

推荐序 1

早前受冯云霞教授所托为《高效学习密码：知信行三维管理学习》作序，很是期待！今天终于摆在了面前，可见写一本不错的书是很花时间的。现在流行在杂志发论文，我倒觉得，拿出有分量的著作应当是学者更有价值的工作。

学习管理不是一件容易的事，思考需要框架，管理需要流程，学习需要系统。我对冯老师用三维框架，针对管理者、重系统学习的《高效学习密码：知信行三维管理学习》一书很是欣赏，故作序！

一、三维模型

本书的三维，指的是学习者自身的信念、知识、行动，简称信、知、行"三维"。"信知行"三维管理学习模式，强调管理者要以自身经验和工作场景为依托来进行信念清晰、知识系统和行动有序的学习。管理者的学习，具有组织学习和行动学习的特点，由哲学的"知行合一"变成了管理哲学的"信知行三位一体"，这是具有丰富教学经验的作者对以MBA、EMBA为核心的管理者学习所做的很有理论、现实和方法论指导意义的创新。

本书从"三"的思维模式出发，发展出好几个以"三"为结构的管理者学习模型。比如管理者应该具备的"三力"，即战略洞察力、关系共情力和自我反思力；比如在战略洞察力中提出传统文化所倡导的"见天地、见他人和见自己"的"三见"哲学理念，将其与管理者的"三力"进行有机结合；比如在关系共情力中提出不同类型和层次管理者应该如何通过三维学习来处理好外部关系、内部关系和未来关系这"三关系"；比如在自我反思力中提出高层反思、中层反思和自我反思的"三反思"来发展、优化和升级自己的管理能力。

书中的表 1-1 对图 1-2 的信知行三维间的相互作用做了很好的细化和解释，我把两者结合在下面的一个图里，并添加了本书的已有之意：升维和降维之外，还有换维——信知行循环；致良知之后，还有结善果——绩效成果。从知行到信是升维，从信到知行是降维，而知行之间可以是换维。在管理现实中，对信知行则需要"三考"：信念是否坚定需要考验，知识是否良知需要考试，行动是否见效需要考核。

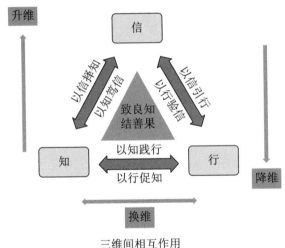

三维间相互作用

管理者需要目标导向、结果导向和问题导向，目标 - 结果 = 问题。所以，本书给我们以启发——用信念界定问题，用知识分析问题，用行动解决问题。为此，书中特别提出了"信 - 知 - 行"相互结合不足的若干问题，如知行割裂，则机械重复。有行无知，则经验囚徒。有行无信，则忙盲茫然。有知无信，则教条僵硬。良知遮蔽，则后果堪忧。这给不会"信知行"三维管理学习的现象提出了警示。换句话说，信是观念世界，知是思维世界，行是现实世界。观念、思维和现实三个世界的关系弄不明白，就容易陷入信-知-行的分离。

本书以企业组织为背景，重点关注管理者和领导者，尤其是管理者的学习和能力成长，并且分析了很多实用案例，提出了相应策略，这很符合管理者的学习特点，也有助于从事管理者教学的青年教师的能力提升。

本书的立场是组织立场，主体是管理者，学习的结果自然是完成组织目标。所以，管理者首先要处理好个人的信知行和组织的信知行的关系。其次要处理好战略的信知行：使命愿景，分析认知，落地执行；关系的信知行：共情力，共演力，赋能力；自我的信知行：整合思维，系统思维，心智模式。最后要推动适应数字化时代的管理理念、管理知识和管理行动的变革。这使本书成为一个独特而完整的系统。

二、三维学习

本书强调了三种管理学习模式：组织学习，行动学习，三维学习。三维学习即信知行三维。本书的深层探讨启发我们可以换个角度来理解三维学习。

一维学习。人们经常说的：学习，学习，再学习。活到老，学到老！这是随着时间轴的持续学习，不断增进，是一维学习模式。

二维学习。古人讲：纸上得来终觉浅，绝知此事要躬行。耳闻之不如目见之，目见之不如足践之。王阳明的"知行合一"和毛泽东所说的"读书是学习，使用也是学习，而且是更重要的学习"（《中国革命战争的战略问题》1936年12月）等，都是知与行两维的学习模式。野中郁次郎基于知识存在论和认识论两维的个人知识与组织知识，形式知识与暗默知识之间的相互转化模型，也是一种微观的两维模式。

三维学习。本书的信知行就是三维学习，增加了信念一维，更丰富和拓展了知行合一的学习观。

一种信念是毛泽东所说的态度："学习的敌人是自己的满足，要认真学习一点东西，必须从不自满开始。对自己，'学而不厌'，对别人，'诲人不倦'，我们应取这种态度。"（《中国共产党在民族战争中的地位》1938年10月）

一种信念是本书强调的立场或价值观，即组织立场和价值观，管理者立场和价值观。否则，你就无法真正地做好管理者学习，而成了个人的修身养性。

三、领导论学习

本书引用了不少国内外企业家、管理者和学者的观点与案例，生动有趣。在阅读本书的启示下，我又去学习了领导人的讲话，更加感受到本书的价值。

领导人向来是非常重视干部学习、关注学习方法的。毛泽东是伟大的战略家，他认为，军事斗争的核心问题是战略问题，只讲战术问题说服不了人。长征出发后，毛泽东边走边思考红军反"围剿"斗争失败的原因。博古、李德等人没有中国革命战争经验，以为学了些军事上的理论名词和抽象原理，有共产国际的支持，就能领导红军进行中国革命战争，结果用错误的军事指导思想指挥作战，导致红军反"围剿"失败。红军长征到达陕北后，毛泽东就如何解决全党全军领导干部对党的思想政治路线及军事指导思想的认识问题，在1936年写作了《中国革命战争的战略问题》，其中提出重要的问题在善于学习："学习不是容易的事情，使用更加不容易。战争的学问拿在讲堂上，或在书本中，很多人尽管讲得一样头头是道，打起仗来却有胜负之分。战争史和我们自己的战争生活，都证明了这一点。"这指出了理论没有绝对的对错，但行动会有明确的成败。因此要

"从战争学习战争——这是我们的主要方法。没有进学校机会的人，仍然可以学习战争，就是从战争中学习。革命战争是民众的事，常常不是先学好了再干，而是干起来再学习，干就是学习"。知识固化容易陷入教条主义，行动僵化容易陷入经验主义，信念不对则会犯路线错误。很多时候，军事斗争和企业经营一样，企业经营的核心问题是企业战略问题，只讲市场战术问题说服不了人。而战略思维，就是要从哲学角度，从世界观和方法论上看问题。毛泽东思想对企业管理者很有指导意义。

"指挥员的正确的部署来源于正确的决心，正确的决心来源于正确的判断，正确的判断来源于周到的和必要的侦察，和对于各种侦察材料的连贯起来的思索。"这教导我们，要以周到的侦察和思索促正确的判断，以正确的判断促正确的决心，以正确的决心形成正确的部署。

回答了中国革命战争的战略问题，解决了党和红军面临的一个最紧迫的现实问题之后，毛泽东又写作了《实践论》和《矛盾论》等著作，提出了"实践，认识，再实践，再认识，这种形式，循环往复以至无穷，而实践和认识之每一循环的内容，都比较地进到了高一级的程度。这就是辩证唯物论的全部认识论，这就是辩证唯物论的知行统一观"等英明论断，从理论上解决了党的思想路线问题。

习总书记更是在多个场合对干部学习做了重要讲话。他在全国劳动模范和先进工作者表彰大会上的讲话中说："学以养德、学以增智、学以致用。"（2020年11月）。本书的三维学习正好符合这个结构，德即信，智即知，用即行。习总书记还说："学习理论最有效的办法是读原著、学原文、悟原理，强读强记，常学常新，往深里走、往实里走、往心里走，把自己摆进去、把职责摆进去、把工作摆进去，做到学、思、用贯通，知、信、行统一。"这个在2019年3月在中央党校（国家行政学院）中青年干部培训班开班式上的讲话，更是明确指示了知信行统一的学习原则。2016年10月他在纪念红军长征胜利80周年大会上的讲话明确提出"要坚持学而信、学而思、学而行，把学习成果转化为不可撼动的理想信念，转化为正确的世界观、人生观、价值观，用理想之光照亮奋斗之路，用信仰之力开创美好未来。"教导我们一定要以信引行，以知笃信。

习总书记还特别强调：领导干部加强知识的运用，在以下三个方面努力很重要。一是要勇于实践，把知识转化为能力。知识向能力的转化，媒介就是实践。二是要运用理论和知识着力改造客观世界。哲学家们只是用不同的方式解释世界，而问题在于改变世界。三是要运用理论和知识自觉改造主观世界。在对外开放和发展社会主义市场经济的条件下，领导干部面临的诱惑很多，一些人经受不住权力、金钱、美色等考验而败下阵来，一个重要原因就在于他们放松了读书学习，忽视了主观世界的改造（在中央党校2009年春季学期第二批进修班暨专题研讨班开学典礼上的讲话）。本书对管理者良知缺失和信念不坚定导致的问题做了不少篇幅的提醒。

深刻领会领导人对学习和学习方法的教导，认真阅读本书，相信读者一定会有很大受益。特此隆重推荐。

杨杜
中国人民大学商学院教授

推荐序 2

从三维管理学习谈"信"的现实意义

知行合一,是阳明先生心学的核心观点,从错知错行、浅知浅行、深知深行到正知正行的知行合一,"一"就是致良知。

站在历史的视角,农耕文明下的先贤谈到的"知",和现代商业社会需要的"知",内涵与外延其实有巨大的差异。这客观上导致了现代社会的两个极端:一是忽略甚至漠视中国文化的深远影响而一味崇洋;二是过分放大中国文化解决现代商业问题的作用。

从管理理论的角度,问题出在对"知"这个概念的解构上。

拜读《高效学习密码:知信行三维管理学习》,作者对"知"的解构与深化,让我们豁然开朗。聚焦组织,把"知"解构为现代商业社会的"智"与"知","智"根植于"信","知"又延伸到现代商业的逻辑、工具和方法,作者依此构建新的学习方法论,确实令人耳目一新。

"信"是一个组织的顶层思想,它从大到小包括信仰、信念、信任到信用。把"信"从传统的"知"中解构出来,突出它的独立性,具有重大的现实意义。

我们面临的是一个信息高速传递、技术日新月异、价值取向多元分化的世界。在这个时代背景下,一个组织要持续精进,一个人要一生平安,都是非常奢侈的事。重构我们的"信",才能有保障。

"致力于做对全社会有意义的事,不在乎大小",要成为组织的信仰!不论遇到多少诱惑,这样的组织都会有生命力。

"致力于用创新的思维解决组织发展中的问题,越是极限越要挑战",要成为组织的信念。不论遇到多少阻碍,这样的组织都会有执行力。

"致力于用最优化的生产关系,促进组织的核心竞争力,信任、欣赏、分享的文化是生产关系进化的阶梯",不论内外环境如何改变,这样的组织都会有活力。

"致力于成为全社会诚信体系的建设者与践行者,不论遇到多大的压力和伤害",这样的组织都会有定力。

对一个组织而言,这些"信"的顶层思想的构建,是组织管理者的职责,但要内化到组织行为,必须集成"知与行",日积月累,反复打磨。只有坚持这样的信念,遵循这样的发展脉络,才能成为科学的学习型组织!最后才能夯实核心组织能力,成为可持续发展的有机平衡系统。

朱兴明

深圳市汇川技术股份有限公司 创始人 董事长

推荐语

在快速变化的时代，管理者的"学习力"已经成为最重要的能力要素！但学习力的提升殊为不易，这涉及如何见自己、见天地、见众生。冯云霞教授基于数十年的研究和实践体会，构建了知信行三维管理学习模型，已经影响了诸多管理者。我相信每一位管理者都能从中获益，提升学习力，更好地应对、驾驭和超越当下多变环境带来的挑战。

叶康涛

中国人民大学商学院院长 教授 博导

作为本书的第一批读者，有幸先睹为快，读后感觉很有启发性。我所在的远洋渔业行业正处于转型升级的关键期，作为企业管理者的我也经常在思考如何破解发展难题、调整战略规划，虽有收获，但总感觉缺乏系统性的思维模式和学习方法。冯老师在本书中提出了"知信行"三维管理学习模式，论述了管理者应提升战略洞察力、关系共情力、自我反思力，给我们提供了一种更加科学系统的学习方法和组织与个人的自我提升思路，对基层管理者、中层管理者和高层管理者来说都有很强的实用性。我认为本书值得认真反复阅读。

宗文峰

中水渔业党委书记 董事长 人大商学院校友

冯云霞教授在本书中提出了"三维管理学习模式"，不仅是一种学习理论上的重大突破，而且强力促进领导者的实践与反思。书中既有哲学层面的深刻思考，又有具体的实施策略，值得每一位领导者和有志成为领导者的人认真阅读并践行。

谢克海

北大方正集团总裁兼 CEO

人大 CHO 学术主任

20 多年来，参与 MBA、EMBA 教学，总觉得针对企业家的教学，还是体系不够完整，今天读了冯教授的《高效学习密码：知信行三维管理学习》，顿感透亮。以知信行来建立三维体系，让管理者更全面地应对后互联网时代的商业迭代，意义重大。无论是事业有成的企业家还是初创事业的创业者，如果能建立起自己的知信行三维体系，应对未来，一定游刃有余。

栾润峰

金和网络股份有限公司董事长

中国电子商会副会长

阳明先生说"破山中贼易，破心中贼难"，这就要我们管理者有非常强大的"心力"。冯云霞老师将之归纳为信（being），也就是自我认同和认知，即通过系统化的反思来淬炼和形成自己的主体性和方向感，坚守自己的价值观，将此转化为组织和团队的使命与愿景，让自己和团队有澎湃的奋斗动力！而作为信-知-行起点的"信"，更底层的是我们的心态与对待人生和事业的态度，如谦逊和笃定。

从"信"到"知"，再到"行"，则是学习和实践的过程。管理者的学习是撸起袖子，躬身入局，从利益相关者和他人处学习，以及结构化的知识学习——也就是学习理论的70%、20%和10%的原则。书中通过对信、知、行的详细分析和解释，从道和术的角度都做了非常深入的研究。相信读者读后都会和我一样收获颇丰。

冯晓晋

领导梯队学院（中国）院长

中国大连高级经理学院特聘教授

冯云霞教授创作和构建的三维管理学习模型，不仅适用于企业管理工作者，也契合当下的教育管理者，更能指导和帮助所有热爱学习的人！本书从知信行三大维度，系统阐述了管理学习的目的、策略和方法。这本书对引导人们适应未来社会的深度学习也有很大的参考价值。这里既有学习路径的指点，又有学习策略的介绍，更有学习效果转化的窍门。这是一本有益于知识工作者终身成长的好书，是一本启迪智慧的宝典，朋友们不妨一读。

肖远骑

教育部国培计划培训专家

教育部国家教育行政学院网络培训学院兼职教授

管理者通常希望通过"学习"来拥有各项管理技能，但往往忽略了"学习"本身就是一种"管理"。"如何有效学习"成为升华管理者思想的关键之钥。本书介绍的知信行三维管理学习脱胎于冯云霞教授在商学院多年的教学实践，正是厘清这一问题的制胜武器。相信本书的出版会让更多的管理者在学习和管理过程中受益。

张瑾

中国人民大学商学院副院长 教授 博导

前言

"学而时习之,不亦说乎""三人行,必有我师焉""见贤思齐焉,见不贤而内自省也",这些源自《论语》耳熟能详的金句,在学习者心里有着广泛的影响力。什么是学习?如何有效学习才能更好地实现自我转化?对于管理者来说,在有效学习和管理能力提升之间建立有机联系,在当今的组织管理和个人成长过程中变得越来越重要和迫切!学习既是手段,也是目的;既是过程,也是状态;既是能力本身,也是获得和提升能力的手段;既是听说读写行的日常起居,也是课堂讲座的刻意安排;既与信念、思维、立场相关,也和知识、认知与体系有关,更需要通过事上练、践行、落地和改变世界的过程来获得"真知"。三维管理学习倡导学习主体将自身知信行三维之间加以联结、贯通和整合,以达到知行合一和人情练达的境界。本书系统阐述组织和管理场景下知信行的内涵,描述了管理学习主体如何进行知行、行知、信行、行信两维之间的有机联结,并做到知-信-行、行-知-信、信-知-行三维之间的互动互构以及动态平衡。在此基础上,提出适合于管理者学习的学习策略和方法。

本书两位作者受过管理学和组织理论的训练,并长期在知名商学院从事管理教学和研究工作。在和大量管理学习者进行交流与沟通的过程中，作者发现有的学习者有经验，但不善于总结；有的学习者囿于概念和工具，难以将理论和实践加以结合；有学习者虽抱负冲天，但奈何悬在空中，不接地气。不少学习者偏于一隅，烦恼于书到用时方恨少；还有的学习者说起来头头是道，做起来却一地鸡毛；还有些学习者已经能够自如地知行合一，却在大是大非上没有了良知和方向，以至于丧失了心力和能力，没能及时"止损"并陷入灾祸。作者从组织理论、人力资源管理、领导力、管理沟通理论中汲取智慧，并结合我国传统文化中"见天地、见他人和见自己"的哲学理念，提出管理者应该具备"三力"，即战略洞察力、关系共情力和自我反思力。这三个能力的学习和管理者所在的场景、从事的岗位和所需要解决的问题是密切相关的。通过"事上练""勤总结""学知识""念初心"等行-信-知、知-行-信以及信-知-行的学习过程，管理学习主体能够获得三大管理能力并高效解决问题。本书的目的在于帮助管理者在学习过程中，基于自身的经验、角色、处境，打磨出专属于自身的学习策略和方法。

以"战略洞察力"为例，战略既有作为名词"信"的一面，即使命愿景价值观；又有作为动词"知"的一面，即认知和分析战略时用到的知识和工具；还有作为动词"行"的一面，即战略的部署、落地和执行过程。战略洞察力作为能力，管理主体全方位理解把握战略的综合性和丰富性以后，才能做到有的放矢和洞若观火。在战略洞察力的学习过程中，高层管理者的学习更是要注意信念、原则、底线，即 being（信或悟）维度的修炼、体悟、自觉；中层管理者则要在知-行联结方面进行更多的考量和结合。关系共情力和自我反思力以此类推。通过三维管理学习获得三大能力，以期管理者成为既头顶星空又脚踏实地、既会书写诗歌又能修理下水道的领导者！

知信行三维管理学习模式，强调管理者要以自身经验和工作场景为依托进行信念清晰、知识系统和行动有序的学习。学习过程，既是提升能力的过程，又是理解自己和开发自己的过程，更是自我转化的过程。通过建立和链接知行、行知等二维关系以及知-信-行、行-信-知等三维之间的关系来形成自身独有的学习策略和方法。除此以外，我们还根据不同类型的管理者来刻画其三大能力的内容和要求。书中介绍了案例和事例，帮助管理者体认、理解和联系自己的实际情况。本书还对数字经济时代的管理和学习进行了观察与描述。

特别感谢本书责任编辑左玉冰女士！她的耐心和静气，助力我们获得创作的能量。真诚感谢徐旭日先生！他在企业担任高层管理者多年，也一直在践行知信行三维管理学习方法。徐先生在写作过程中参与讨论，并提出了有见地的指导意见。感谢杨杜教授为本书写推荐序。感谢冯艺先生鼎力相助！感谢李翠翠、蔡金峰、高琳、徐微、朱学婷、沈怡、林子霞、卢红、王志帅、高原等对三维管理学习的认同和积极参与！尤其是徐微、高琳在案例写作方面的协助和支持！感谢中国人民大学商学院和优秀MBA（工商管理硕士）和 EMBA（高级管理人员工商管理硕士）的同学！

冯云霞

2022年5月

目录

第 1 章 三维管理学习 ... 1
1.1 理解管理 ... 4
1.2 关于学习 ... 6
1.3 三维管理学习来源 ... 7
1.4 三维管理学习模式 ... 14

第 2 章 管理者学习策略 ... 31
2.1 理解组织 ... 33
2.2 关于管理能力 ... 35
2.3 管理学习中的问题 ... 40
2.4 场景驱动下的管理者学习策略 ... 49
2.5 三维管理学习方法 ... 58

第 3 章 学习战略洞察力 ... 61
3.1 理解战略 ... 63
3.2 洞察力：规划和定位 ... 69
3.3 部署力：设计和落地 ... 73
3.4 战略洞察力和适应未来 ... 79
3.5 战略洞察力学习方法 ... 86

第 4 章　体验关系共情力 …………………… 89

- 4.1　理解关系 ………………………………… 92
- 4.2　合法性建构和共演力 …………………… 100
- 4.3　管理沟通和共情力 ……………………… 109
- 4.4　Z 代员工和赋能 ………………………… 117
- 4.5　关系共情力学习方法 …………………… 121

第 5 章　修炼自我反思力 …………………… 123

- 5.1　理解自我 ………………………………… 125
- 5.2　高阶反思和整合思维 …………………… 135
- 5.3　中阶反思和系统思维 …………………… 141
- 5.4　自我反思和心智模式优化 ……………… 148
- 5.5　自我反思力学习方法 …………………… 151

第 6 章　数字经济和组织学习 ……………… 153

- 6.1　理解数字经济 …………………………… 156
- 6.2　组织学习和三维管理学习 ……………… 162
- 6.3　三维组织学习策略 ……………………… 166
- 6.4　组织学习和未来 ………………………… 170

参考文献 ……………………………………… 172

后记 …………………………………………… 175

第 1 章
三维管理学习

经验并不仅仅指发生在人身上的事情,而是指用什么态度对待发生在人身上的事情。

——赫胥黎

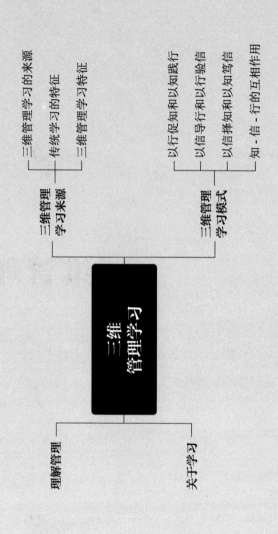

最近几年以来,新冠肺炎疫情、中美贸易战、俄乌战争等形势变化,对各种组织尤其是企业组织的影响非常大。企业战略和组织目标都必须随着环境的变化和客户需求的变化同步变化,这就对企业组织和管理者提出高要求。一方面组织和管理者要努力工作,为组织目标实现而努力;另一方面要注意自身的职业成长,同时还要维持身心的平衡。适应变化、追求成长和维持平衡唯一的办法就是学习、学习、再学习。但是,传统的学习理论并不能有效地帮助动荡环境下的企业组织和管理者。因为传统做法是将关注点聚焦在知识、记忆、学习技术等较为局部和单一范围。管理者学习需要全方位展开,如在场景中学习和在团队中学习。只有将学习过程中的知信行综合起来才是有效的。本章提出三维管理学习模式。该学习模式以管理者所处的环境和所在的岗位为学习背景,以其所遇到的实际问题为学习内容,来赋能管理者找到自身特有的和定制的学习策略。三维指的是学习者信念和立场、知识和认知、行动和经验,即信、知、行三个维度。通过三维管理学习就是界定问题、分析问题和解决问题的过程,将管理学习主体的态度立场(信)、知识工具(知)和落地行动(行)进行链接、拉通和转化,并形成学习模式。通过三维管理学习,管理学习主体能够将社会规范性原则、组织使命和自身的阅历与体验进行联结，努力学习知行合一和致良知。三维管理学习方法能够提升管理者解决问题所需要的管理能力，锻造其领导力，助力管理者成为卓有成效的管理者！

1.1　理解管理

近年来，新冠肺炎疫情对社会经济生活造成巨大影响，组织尤其是企业组织的经营和管理更为不易。与此同时，科技的迅猛发展、数字化的广泛运用、知识型员工大范围驰骋于职场，又为企业组织的发展注入新的活力。这些都是组织所处环境的典型特征，即不确定的、模糊的、易变和复杂的。实际上，环境是组织系统汲取资源、维持活力的源头。善于学习的组织和善于学习的个人一样，都秉持开放心态，在和环境的互动和交换过程中，找到"熵减"的能量以及可持续发展的源泉。比如数字化等技术力量的出现，就给善于学习的组织提供了转型的机会：通过战略性布局信息技术在企业中的运用，重新定义客户需求，主动营造氛围吸引精兵强将，将企业原本的实体流程和任务转化为数字化，并为决策提供更精准的判断。通过和环境的交换与互构，企业组织系统能够将自身维持在可演化和持续发展的状态中。通过管理创新和持续学习，组织一方面能够重构自身能力，另一方面又能够更为敏捷和适应。

事实上，帮助和促进组织从一个阶段顺利过渡到另一阶段的关键力量在于管理和学习，尤其是管理者的学习能力和速度。管理者学习过程中，需要持续辨识、洞察、把握、驾驭不确定性，学会和环境共存共舞共创，才能够帮助企业组织穿越发展周期，找到发展机遇和避开陷阱，实现可持续发展。

近年来，企业组织所面临的客户需求升级、新生代知识型员工、中美贸易战等新情况，都让善于学习的管理者找到了打造企业新优势的机遇。通过和环境的交换、向环境学习、向自己学习以及彼此学习，管理者和他们的团队能够定义新需求、研发新产品、开发新赛道和创新更合适的管理原则与策略。正是通过管理和学习，企业组织才能朝着更有序的、开放的和有希望的方向前进。

本书以企业组织为背景，重点关注管理和学习，尤其是管理者的学习和能力成长。本书认为知-信-行三维学习模式，是帮助管理者有效学习和能力发展升级的方法。它能够帮助管理学习主体持续提升认识问题的水平和解决问题的能力，并获得绩效和为组织目标作出贡献。

这一学习模式认为：管理学习主体的态度立场和道德追求（信）、认知水平和知识积累（知）和落地执行和经验行动（行），即信-知-行三维的相互作用，深刻影响主体的学习方向、强度耐力和学习效果。这三个维度的互动互构，形成学习策略和方法，帮助管理学习主体在不同场景、不同职位上提升认识问题和解决问题的能力。基于管理者自身经验，三维管理学习帮助主体进行持续的知-信-行的链接、运用和整合。在不同发展阶段，学习主体通过三大维度的不同联结方式，如以行促知和以知践行；以信导知和以知笃行；以信引行和以行验信；以及致良知的方式，来培养、获得、升级管理过程中必不可少的三大能力：战略洞察力、关系共情力和自我反思力。

优秀企业领导人，如曹德旺、任正非等人，都是高水平的组织人，同时也是超级学习者和高效学习者。他们既有丰富的实践经验，又有渊博的知识和开阔的眼界，更有在长期工作过程中寻求信念的自觉和对客观规律的探寻和坚守。他们都是善于在知-信-行三维中找到有机联结的学习者。在建立自身的使命感，事上练、向他人学习、向自然学习和向书本学习的认知过程中，都有着独特的学习习惯和方法。本书的目的在于帮助从事管理岗位的学习者，来领会和掌握这一学习模式，从而更为有效地进行人和人、人和事、事和事、人事和目标之间的链接、拉通、腾挪和组合，成为见自己、见众生和见天地的高效管理者。

1.2 关于学习

关于学习是什么？是见仁见智的。这里首先考察理论学者对于学习的不同"看见"。20世纪上半叶，行为主义流派占据学习理论的舞台。他们认为"学习是反应的强化"。学习主体是信息的被动接收者，教师似乎是万能的。操练与练习是主要的学习技术。但是，由于过于强调死记硬背的记忆性学习，行为主义忽略了学习对学习主体有意义的这一面，忽略了知识的迁移和在不同场景的运用。格式塔心理学家对行为主义学习观提出质疑：学习主体应该通过理解来进行学习，并要注意知识的迁移。但是格式塔学习流派并没有提出明确的学习技术。20世纪六七十年代，认知心理学家提出信息加工理论，并提出"学习是知识获得"的看法。学习主体是信息加工者，教师则是信息的提供者。学习者更多地被看作一个容器，知识似乎可以像"物理性用品"一样，由教师传递给学生。20世纪八九十年代，认知建构主义者提出要在真实的场景中研究人的学习。建构主义者认为学习就是主体在探索理解世界的过程中，或者在自身发展过程中，来建构自身知识的。教师是主体建构知识过程中的引导者和支撑者。

回顾了不同时代不同研究视角下的学习理论以后，再看一下实用主义哲学家约翰·杜威对于学习的洞察。杜威先生对建构主义的学习论和知识论进行了细致研究和系统推进。他认为自然只有和人进行了相互作用以后才能成为"经验"。所以他强调做中学、从经验中学习、通过解决问题来学习。在他看来,学习是在个人和组织层面,持续精进和精炼"习惯、感情、认知和信条"的过程。这一学习过程,能够给学习主体带来可测度和稳定的行为变化,并得以建立新的精神结构,获得能力来审视(反思)其过去的精神结构。和杜威干中学和学中干,以解决问题为重点的学习观一脉相承,英国学者大卫·科尔布和雷格·瑞文斯,倡导体验式学习和行动学习。行动学习尤其适合于成年人的学习和管理者学习。该理论强调学习721原则,认为学习主体在学习过程中,需要将70%的经验和学习建立连接,即对自身的经验进行盘点盘活和盘整。20%和他人的交流有关,10%和编码的程序化知识有关。通过反思复盘、讨论提问、实践落地、课堂学习等方法,学习者能够获得能力、解决问题和适应环境。美国管理学习专家舍恩更是对基于管理实践和管理者学习的研究,明确提出因为管理现象的复杂性、不确定性、不稳定性和独特性,甚至是价值冲突等特点,机械的、线性的学习方式不适用于企业组织和管理者。舍恩认为系统的、有机的、知行合一的方法,才能够帮助管理者提高认识水平,锻造出管理角色所需要的关键能力。

1.3 三维管理学习来源

1.3.1 三维管理学习的来源

纵观源自西方学者的学习理论,可以看到他们都认为成年人学习过程中的经验是很重要的。但这些学者对学习主体的身份、角色和职位的公共性内容谈得并不多。他们所提及的学习理论大多和学习技术、信息类型和知识建构方式有关。三维管理学习根植于中国传统文化,尤其汲取了我国明代著名哲学家、军事家和教育家王阳明心学精华。阳明先生倡导心即理、知行合一和致良知。他教导弟子要基于自身的秉性和天然的性情，用"格物"的方式将自身和外部世界进行联结，并通过事上练来赋能自己，训练出适合社会规范要求的反应模式。君子（学习主体）从事的是齐家治国平天下的实践活动。学习主体要处理事务的范围越广、责任越大，对自身修炼的要求反而越高。坚持在知-信-行三维上齐头并举、同步演化、互相连接、螺旋式上升是君子自我实现和成人成己的重要通路。在阳明看来，学习中的知和行是同样重要，而且是一体两面的，即知行合一。行是知的真切笃实，知是行的明觉精察。知行两者合一的力量，源自学习主体的自觉意识、不被遮蔽的良知状态，以及通过社会生活来持续进行致良知的过程。只有持续地进行"为善去恶是格物"的学习过程，才能达到知行合一的境界。"致良知"从根本上要求主体在学习过程中，将知-信-行三个维度进行链接、统筹和整合。阳明先生指出，求知不仅仅是学习主体被动吸收一大堆外在价值，而是要在内心、具体场景和具体社会行动过程中进行真正的"理解"。只有事上练，即在自身的经验和行动中学习，才有实现知行合一的可能。

三维学习模式是新型学习范式。它明确将人作为学习主体，强调学习主体的开放性、社会性、规范性和价值性等特点，以及这些特点在其学习过程中的关键性作用。以此为前提，三维学习模式认为主体的信，即信念、立场和思维模式在其知识建构、工具掌握（知）和经验行动（行）过程中，是引领性的。知-信-行三者是互相作用的一体化关系。该学习模式尤其适合于管理者学习的各种场景。本书结合组织目标和岗位需求，梳理出管理者知-信-行三维整合的机制。通过解析三维之间、二维之间的互相作用模式，明确提出三维学习策略。三维学习模式的目的在于帮助管理者开发自身的多元智能，并培养、夯实、优化和升级其应具备的三大管理能力，即战略洞察力、关系共情力和自我反思力，并更好地服务于组织，做卓有成效的管理者。通过三维学习模式的指导，管理学习主体能够将社会规范性原则、组织立场、组织使命和自身的阅历和体验进行联结，做到信知行贯通，渐渐演化成为生生可持续发展的经理人和领导者！

1.3.2 传统学习的特征

和三维管理学习模式形成对比的是常见的传统学习模式。其典型表现有：管理学习者或者在自我经验中循环，并沉溺于"身在其中"的存在感，找不到方向和能量帮助其"出乎其外"，形成客观立场；或者在行动和经验积累到一定程度以后，也能够进行总结，但却局限于自己的经验，"倚老卖老"，"旧瓶装新酒"，缺乏与时俱进的能力和动力；或者学富五车，但却不能实事求是地考虑落地条件、所需资源和执行主体，在知识的海洋中空转或迷失；或者能够自如地进行知行合一，但却没有反思能力和意愿，很少去"致良知"，违反国家法律法规和逾越道德底线而不自知，最后身陷囹圄，一败涂地。传统学习模式表明学习者的内容和方法较为单一；对维度之间的关系理解较为机械；在运用过程中，比较以自我为中心。该学习模式和管理学习专家阿吉里斯提及过的单环学习类似。

在单环学习或传统学习模式下，管理者只关注眼前的、紧急的事务，习惯于在具体的和线性的层面，进行问题分析和问题解决，并机械循环和单一重复。这一学习模式的特点是学习主体"只顾低头拉车，从不抬头看路"。传统学习模式适合环境相对稳定、问题相对简单、目标较为具体的情况。比如管理者在审视相对稳态的部门环境时，或是在目标相对稳定的情况下，需要进行过程控制。但是，传统学习模式很难帮助管理者学习主体去质疑问题背后的假设，更难以帮助其省察自身所持的信念和价值观背后的"迷信"和"妄念"。更重要的是，这一学习模式会阻隔学习者和更大范围目标的链接；也会切断学习者面向未来的吐故纳新；更会让学习者对不确定性心怀恐惧，而不是立志探索。它不利于学习主体，尤其是管理者进行创新和整合，也很难帮助其适应环境，更谈不上提升敏捷性和自我更新的能力。

这里总结传统学习模式的特点，以便读者朋友进行对照，反思自己的学习方法有什么特点：

首先，学习主体的身份意识模糊，主体性淡薄。在组织场景中，不少管理者关注的只有自己的"一亩三分地"。平时的作为也是"各人自扫门前雪，休管他人瓦上霜"。当管理者以如此"在野党"心态，评判者的态度应对管理活动和矛盾的时候，她或他的行动模式和知识建构，较多地以自己的感受，以自以为的"个性"为中心，而不会主动考虑管理者角色应有的公共性、社会性和角色性。

其次，传统学习模式驱动下，学习者行动和兴趣单一。他们缺乏动力去挖掘自身的潜力，或者主动寻求变革。比如某招聘经理，只会就招聘谈招聘，就事论事，很难用系统化的思维来进行预判、联结和整合，更谈不上用开放的眼光、系统的方法，去分析外部人才市场的供需情况。基于这样的线性和机械循环，管理者将很难取得对组织目标有价值的绩效。

再次，在进行技能开发的时候，传统学习模式导向的学习者，较为关注考试、记忆和背诵等学习方法，也会着迷于寻找"标准答案"和"通用模型"。他们很难学习活学活用，也不大清楚运用之妙存乎一心的微妙，很难做到真正的学以致用。对行动层面的创新、思维层面的拓展有恐惧心理。习惯于待在自己的舒适区。这样的管理者是很难有效带好队伍和激励他人的。

最后，传统学习模式并不关注学习主体态度立场（信）、知识建设（知）和经验行动（行）三者之间的联结关系和相互作用的关系。这些学习者本能地对循环、螺旋、整合、顿悟这些复杂性行为感到厌恶。相反地，他们对于封闭、局部、机械重复和人云亦云却乐此不疲。

1.3.3 三维管理学习特征

三维管理学习是传统管理学习模式的升级和优化。它基于学习主体的持续成长和职业发展需要，强调通过信念、立场和思维的优化，引导学习主体关注知识和工具，并做到不盲目行动。反过来看，通过主体行动阅历所积累的经验经过复盘以后，会提升其敏锐度。这又会帮助主体更有针对性地去学习新的知识和掌握新的工具。在知和行进行反复链接以后，主体的信念和立场会更为清晰。原先秉持的偏见会得到纠正，思维惯性中的本能反应会被扬弃，主体致良知的过程会从自发状态升级为自觉状态。三维管理学习模式的主要特征如下：

第一，三维管理学习过程中，学习者要有清晰的主体性和方向感。主体性指对自身角色和所秉持价值的自觉与自主性。在和环境互动、和他人互动中，这种自主性是极其重要的。在这里，主体性有一定的稳定性，但又有演化性。它随着环境的变化、人群交往类型的变化而变化。以管理者为例，主体性一方面和其角色职责要求有关，是相对稳定的；另一方面又会随着组织不同发展阶段的要求、职位变化的要求，有变化和调整。还是以管理者为例，方向感指的就是学习过程中需要具备和坚持的价值观、立场、态度或者对客观规律的寻求，即"信"或者"悟"。在英文中，用being来表达。三维管理学习认为，学习者的主体性和方向感，是其终身学习和有效学习的根基。有了主体性和方向感，学习者就找对了路。"找到了路，就不怕远"。这条路既能够帮助学习者汲取合适的知识，又能够使其避免盲目行动和误入歧途。

第二，主体的行动、阅历和经验是学习者学习过程中宝贵的学习原材料！德鲁克明确指出"管理就是实践"。明兹伯格更是认为管理学习的关键就是反思，即对经验的盘点盘活和盘整。在明兹伯格看来，管理学习主体对自身阅历的反思、复盘和重构,是其他任何学习方法都无法替代的。成年人的学习要遵循 7/2/1 法则,即 70% 的知识建构要基于自身的经验、体验和教训,20% 和与他人的交流有关,10% 是和结构化知识记忆和学习有关。所谓行万里路和读万卷书是要有机结合的。

第三,三维管理学习认为,有了方向感和经验积累,主体还要孜孜不倦地学习知识和进行理论积累。毛泽东说:"饭可以一日不吃,觉可以一日不睡,书不可以一日不读。"虽然日理万机,但毛泽东总是见缝插针和如饥似渴地读书。三维管理学习倡导主体要善于汲取课本知识、案例知识,并要学习将其和经验知识等进行结合,做到学以致用,以及知其然和知其所以然。

第四,三维管理学习模式认为学习从来就不是一蹴而就,而是需要反复进行和持续演练的。很多时候,在管理者岗位上,学习主体需要经历退两步、进一步,甚至是退三步、进半步的痛苦磨砺过程。在岗位上学习、在实践中学习和在教训中学习是管理者进行三维管理学习时要加以重视的。比如基层管理者习惯了以行促知,并在行和知之间建立了线性联结。经过师傅或者教练提醒以后,他们能够想起来要和信念联结,要和组织目标联结。但回到实际工作中以后,他们又会被具体的事务羁绊,可能又会陷入传统学习模式中。三维管理学习认为学习是需要逆水行舟和刻意刻苦的。它需要经历"衣带渐宽终不悔,为伊消得人憔悴"的苦练阶段,才可能达到"蓦然回首,那人却在,灯火阑珊处"的境界。

第五,三维管理学习的重中之重是帮助管理学习主体优化思维,尤其是反思思维、系统思维和整合思维。经过三维管理学习训练过程,管理者学会站在客观立场来审视自身、自身和他人、自身和组织的关系,并进行经验重构和立场升级;通过训练,也能更为全面和客观地看待所面临的管理问题,如从组织整体角度看待本部门问题,能够做到更系统和更有未来导向。更重要的是,通过三维管理学习的训练,管理者对待矛盾的态度也会有优化,能够站在整合的角度,而不是非此即彼的对立角度,来分析矛盾和解决矛盾。上述反思习惯、系统角度和整合心态,有助于管理学习者"顿悟"管理的本质,从而更高效地解决问题。

总之,三维管理学习模式首先倡导信是学习的方向,行是学习的原料,知是学习的营养。这个三维是管理者要加以关注的。第二,要注意在不同场景中,不同发展阶段,不同学习主体的知-信-行、信-知-行、行-知-信三维之间是互相作用和循环不断的。主体要注意联结、切换、统筹和动态平衡。第三,三维学习结果表现为认知升维、行动降维和维度切换。第四,学习主体要学习和训练将行知或知行和"信"进行挂钩,并做到"常省省",学习主体才能达到"兼知兼行致良知"的境界。

这一学习模式尤其适合于管理者学习。管理者角色具有公共性、组织性、社会性和规范性等特点。他们的言行、做人、良知都会被其他群体所关注并对其他成员产生影响。高管的行为更是有放大效应。三维管理学习模式正是以管理者的"行动、体验和阅历"以及"事上练"为载体,帮助学习主体达成"明觉"和"有意识"的理性状态,获得应然的良性知识和理论工具,做到知行合一。图1-1和图1-2为三维管理学习和三维间相互作用示意图。

图1-1 三维管理学习

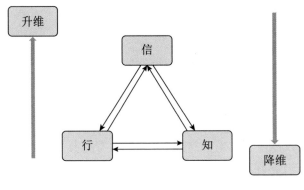

图 1-2　三维间相互作用

1.4　三维管理学习模式

如前所述，管理者为了高效解决问题，需要持续学习和提升能力。在本书的第 3、4、5 章，作者会系统阐述管理者三大能力，即战略洞察力、关系共情力和自我反思力的内涵、习得方法和案例等。图 1-3 阐明了基于环境变化，管理者一方面要理解组织目标，另一方面要思考个人发展目标。在目标的引导下，通过日常进行的界定问题、分析问题和解决问题的过程，进行持续不断的三维管理学习，在信、知、行三者之间拉通、链接、循环和合一。通过边干边学、边学边干，能够获得和升级三大管理能力，并提升自身领导力，获得绩效和成果，做卓有成效的管理者和领路人。

在这一部分，我们依循管理者发展阶段所匹配的学习模式，介绍三维学习模式的具体内容和相关事例。

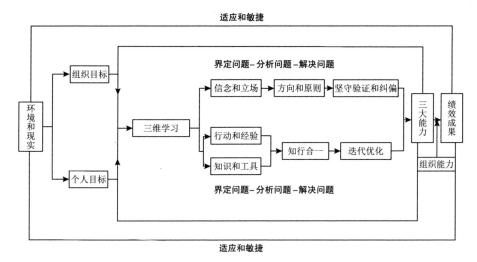

图 1-3 三维管理学习 - 管理者能力和领导力关系图

1.4.1 以行促知和以知践行

1. 以行促知

在管理者职业发展的初期阶段，其行动、阅历、轮岗和经验积累是最重要的学习。"行动"指的是主体的行动、经验或阅历等，是主观作用于客观世界的活动。当管理者的行动和阅历积累到一定程度以后，他或她要主动复盘和反思，将行或经验转化为知或一般模式，如基层管理者需要学习将组织目标、职责要求和经验模式加以联系、总结并清晰地传递给团队成员，才能做到带队伍一起做的组织性行为。无独有偶，大卫·科尔布的体验式学习理论和"以行促知"的三维学习模式异曲同工。他认为（成年人）学习者的关键第一步是从具体体验中进行反思，即"出乎其外"，来进行观察和研判。在此基础上，管理者获得"新的认识"即"新知"。新知又能帮助主体在新的场景中采取新的行动。如此循环往复，学习者能够获得关于对自己的认识、对和他人的认识以及对环境的认识。如图 1-4 所示。

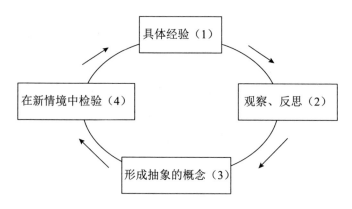

图 1-4　行 - 思 - 知 - 新行动的循环

著名哲学家赫胥黎说过：经验并不是发生在人身上的事情，而是指用什么态度对待发生在人身上的事情。可见"以行促知"的方法，对人的发展是多么的重要。对于管理者来说，"以行促知"的学习方法有反思复盘、问题再界定、改变提问的方式、探究辨析、比较分析和方案设计。

反思复盘指的学习者将自己的经验、想法、经历作为观察对象，对其进行再思考、再梳理和再重构的心理过程。反思的目的在于获得新的视野和角度，来更好地面向未来。除此以外，也能够帮助学习者发展出客观的态度，来恰当对待自己、他人和环境。

前面提到，行动是主观作用于客观的物理化活动。通过活动积累，学习者会发现自己原来用来界定问题的范围、假设和客观世界的情况不吻合、不一致。这种不一致就成为其学习的原料，并触动其质疑问题背后的假设。比如一家公司新晋的高管，在组建高管团队的时候，遇到挫折和失败。面对失败，他没有气馁，而是主动寻求管理顾问的帮助。在和管理顾问见面的时候，这位新晋高管问："高管团队的组建，选择标准是要靠义还是要靠利？"管理顾问没有直接回答新晋高管的问题，而是反问道："您认为影响高管团队绩效的关键因素是什么？"听到这个反问，这位新晋高管陷入沉思，进而进行了反思。难道我的问题有问题？实际上，在他原先的提问里面，已经包含了他预设的答案（built-in answer）。经过管理顾问提醒，这位新晋高管很快进行了学习，并再界定了问题的问法，即影响高管团队有效运行的关键因素是什么。在这里按照宏观到微观逻辑的排序，有组织目标、业务模式、风控制度、团队氛围、班子搭建原则、候选人选的能力素质等6个因素。通过改变提问方式的三维学习过程，这位管理者系统思考能力会提高，并能够更好地做好团队搭建和氛围营造。

还是以上述新晋高管为例。探究辨析和比较分析，也会帮助其更有效地行动和决策。通过对标分析和榜样学习，他会发现一个优秀的事业部负责人，需要较为开阔的视野、系统思考习惯、定义现实的能力、预判未来的能力等，还要注意组织发展阶段的主要矛盾以及所面临的主要风险等。通过这样辨析和比较性学习，这位高管能够更好地定位，提高自身的洞察力和概念化能力。

实际上，老练的管理者，其行动是较为精准的。他们善于把握好时机、拿捏好节奏、预估风险，并善于和不同群体进行共创共舞。比如福耀玻璃创始人和董事长曹德旺先生就是一个典型的"以行促知和知行合一"的学习高手。他从十几岁的时候就帮助父亲卖货，为家里赚取生活费用。20世纪70年代，他主动找到玻璃厂采购员的工作，并主动积极和玻璃研发、采购、生产有关的人员主动交往，成为"信息灵通"人士。到了20世纪80年代，他创立水表玻璃厂，一路上披荆斩棘，在玻璃行业中站稳脚跟。80年代后期，当自身经验积累到一定程度以后，他主动听取别人的意见，自学了会计学等原理和知识。这些知识又帮助他在企业经营的成本核算和风险控制方面变得更老练。曹德旺先生善于从自身的阅历，尤其是从失败和挫折的经历中学习，从养家糊口到采购买卖，再到创立企业；将企业从小到大做到，从国内做到国外，这些丰富经验和行动，成为其学习和组持续成长的学习材料和基础。在其出版的《心若菩提》这本书中，他提到自己"以行促知和知行合一"的经验以及坚持将自我修行和经营企业合二为一的心法。图1-5为以行促知和反思复盘的方法示意图。

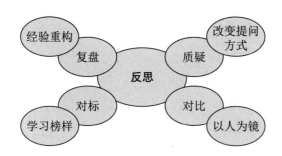

图 1-5　以行促知和反思复盘的方法示意图

2. 以知践行

在三维管理学习中，行和知以及知和行是互相作用的。管理学习者一方面要"以行促知"，另一方面也需要"以知践行"。

作为名词，"知"指的是知识、理论和工具。在 MBA 教育中，商学院提供大量的基于管理实践的模型、工具和理论。这些对管理学习者开阔眼界和提升认知是很有帮助的。管理学史上的法约尔和巴纳德所撰写的管理理论，都是从他们各自的管理经验和行动阅历总结而来的。这些来自实践者的理论，为后来的管理学习者带来很大启发。在组织经营过程中，有些知识和工具是很个人化与个别性的；也有的知识是集体性和组织性的。作为动词，"知"是认知、知道的意思。除此以外，管理者知识学习还意味着知识的更新、优化和升级。

在三维学习中，"知"的功能是不言而喻的。它表现为系统理论，或者程序步骤，或者经验法则。这些知有助于学习主体的归纳和抽象，并帮助其进行认知升维。类似场景下，如果有知识提供帮助，主体解决问题的过程将会更为有效。

知识本身的习得可以通过以下三个途径：第一是了解，即描述学习对象的特征、辨别事实或依据、回忆知识和举例说明等。第二是理解，即掌握知识之间的内在逻辑关系，能够和已有的知识建立连接，并能够解释、推断和预测等。第三是应用,即在不同场景中能够将学到的知识进行举一反三、运用等。具体学习方法有阅读听课、记忆强化、运用测评和使用迁移等。

"以知践行"的学习方法,实际也是处理知和行关系的方法之一。管理学者费弗在其专著《知和行的距离》一书中,指出比无知与真知之间差距更大是知与行之间的差距。以知识中的理论为例:理论会说明描述现象的规律,但未必会列出其在场景中所有的使用条件。即使列出几个常用的使用条件,但也不一定会罗列出重要性排序。列举了最重要的使用条件,但又未必能够关注运用的前提和边界条件。除此以外,也不一定能够交代落地主体需要把握落时的时机和分寸。费弗认为从知到行,要考虑使用条件、前提条件、边界条件,并把握好分寸-时机等。一般来说,"以知践行"的方法有研判场景、量体定制、主体清晰、试错迭代、事上练等。

比如在商学院 EMBA 课堂上,学员平均工作时间有 20 多年,管理经验都在 10 年以上。他们会如饥似渴地倾听课堂上老师讲授的知识、工具和案例等。通过了解、理解、内化和运用,他们中的有些人能够做到"以知践行"。但也有些人,可能在知识运用的时候,没有考虑知识运用的前提、边界、资源等情况,机械套用,所取得的效果并不理想。在学以致用和以知促行过程中,学习者对自身的理解、对所处环境的研判、对自己团队的氛围和水平的研读,都是其用好知识的基本条件。实际上,任何知识或管理工具的使用,都需要学习者结合自身所处的场景,进行分析研判后,加以改造和适配,才会有效果。在具体的现实场景中,决策者和执行者都面临知与行之间存在的时滞与差距,并会遇到相应的冲突与张力。在这些条件下,决策和行动主体应该责任到人,才能在计划策略和现场处置之间找到结合点。除此以外,通过主体"事上练"的过程,才有可能找到合适的落地方案。从知到行,事关"运用之妙存乎一心"灵巧性和手艺性。图 1-6 为以行促知和以知践行相互作用关系图。

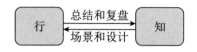

图 1-6　以行促知和以知践行相互作用关系图

如图 1-6 所示，运用三维管理学习模式时，管理学习主体既要以行促知，又要以知践行。一方面，管理学习者要及时将自己的行动、经验、阅历进行反思归纳，盘点盘整和盘算，找到恰当立场对经验进行重构，形成新的"看见"，来指导新一轮的行动，并形成自己的经验法则和"管理者的知"。从行到知，主体要注意运用复盘和总结的学习方法。另一方面，主体又要持续学习他人的知、历史的知、书本的知和标杆的知，然后加以内化、梳理和聚焦，并且常常"事上练"和学以致用。在从知到行的转化过程中，主体要注意理论和实际的有机结合，要有场景聚焦和设计思维。经过主体反复的知—行和行—知的连接以后，才有可能体会和达到知行联结或者临时性合一的状态。借助知行和行知有意识地链接和训练以后，管理者能够在其分析问题和解决问题的过程，深刻领会"知是行的主意，行是知的功夫"；"知是行之始，行是知之成"的含义。在此基础上，管理水平会上一个台阶，并开始关注更大范围的事物，比如信念层面和组织层面。

1.4.2　以信导行和以行验信

1. 以信导行

前面提到，三维管理学习中，信念和立场的作用是引领性与指导性的。这里考察"信"的内涵。作为名词的"信"，是信念、初心、价值导向的意思。在中国文化中，"信"常常和心有关，如心智、信心、信念等。在阳明先生看来，"心只是一个灵明"。心本来的样子就是"良知态"，即没有被遮蔽的状态。他倡导"无善无恶心之体，有善有恶意之动，知善知恶是良知，为善去恶是格物"。学习者借助信或心的力量，通过反思或反省，能够获得改变自身认知或行为的力量。"一切果效由心发出"。"保守我们的心"是三维管理学习模式的重中之重。

在组织场景中，组织的愿景、使命和价值观是管理者建立信念的重要参考因素。任正非说，"一个组织没有使命，没有愿景，就算给员工再多的钱，充其量就是一个雇佣军，永远不会成为正规军"。就管理者而言，信和其职位价值观（work values）有关。作为动词的"信"，主要是选择相信什么。在阳明先生那里，知和行的目的就在于"获得信念，即致良知"。在组织或企业组织场景中，管理者尤其是高层管理者，常常面临矛盾或两难选择。他们选择相信什么，就是其信的习得过程。比如在茅台公司，企业选择信奉质量是立企之本。每当成本与质量发生矛盾时，成本就需要服从质量。当产量与质量发生矛盾时，产量服从质量。当效益与质量发生矛盾时，效益服从质量。当速度与质量发生矛盾时，速度服从质量。质量成为衡量行为的准绳，也是解决矛盾时要坚守的原则。再比如，在优秀的公司，部门间也会时常发生冲突。这个时候，管理者心中就要有企业的使命。如果管理者相信企业使命是使得客户价值最大化，那么他们就会自动调节自己的想法和做法，以便服从这一组织原则。

通过上面的分析，可以看到"信"的内涵是多层次的：既有心存高远的境界和使命之意，又和思维与心态有关，还和目标与立场相关。除此以外，它可以是个人层面的信，也可以是文化层面和集体层面共享的价值观。管理者需要警觉的是，信念并不是"理所当然"的真理，只是主体看待世界和他人的特有方式与角度，因此它也可以是偏见、妄念和迷信，真正的有价值的信念是需要学习、优化、验证、纠偏和调整的。

"信"的习得，这里用"以信导行"来概括，主要学习方法有亲身经历（experiences）、对特定群体、观念、他者的认同（identify）、内化

（internalize）和觉悟（awareness）。经历指的是学习主体的体验和感受，是较为感性和主观的。认同和"心事"有关，表现为同情或厌恶，是主体在感受基础上的直接反应，会引发其注意力和关注度。内化或领悟是主体对现象的内化和消化。觉悟，则是角色自觉。有了觉悟的人，能深刻领会"凡事都可行，但不都有益处"这句话的价值。对于管理者来说，如果把握好原则和价值导向，其精力就更容易用对地方。在康德哲学里，这就是意志的自由，即选择不做什么。一个人能够做到自律，背后力量源泉主要是意志和自觉。比如在慧能大师的修禅过程中，他看重的不是外在形式，而是内心体悟。《维摩经》中的"即时豁然，还得本心"，说明证悟本体心性是修禅的主要方法。在三维学习模式中，学习主体"明心见性"后，其行动是简洁的、有序的和精准的。图1-7为"以信导行"的学习方法。

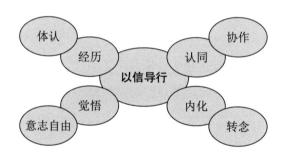

图1-7　"以信导行"的学习方法

2. 以行验信

在三维管理学习中，信和行以及行和信的关系也是互相的和彼此转化的。这里以创业者学习为例，来讨论"以行验信"的学习方法。在创业管理者的学习过程中，信念、立场等常常是明确的和坚定的。创业者做了，试验了，做成了或者没有做成，都会直接验证或否定其信念。具体的学习策略有混搭、即兴、实验和孵化等。混搭指的是学习主体巧用已有资源，以新颖的方式进行组合；即兴指的是学习主体通过密集的外部沟通和交流来获得即时的反馈，并对不甚清晰的现实加以迅速的理解和界定；实验有试错的意味,很多时候,如果不去行动,或者不去试验,主体是很难了解什么是不能做的;孵化是类比的用法。比如在管理面临新形势时,将不甚成熟但有前景的技术借助外力,如资本或创业园区来加以培育,以便实现由技术创造市场,形成商业模式的实验过程。

如图 1-8 所示,在三维管理学习过程中,学习主体有信念支撑,他就能够选择不做什么;或者他有了觉悟和角色知觉以后,也能引导其行为的方向、强度和耐力;反过来看,行动、实验、解决问题等过程,又能够对信念加以验证或者进行纠偏。以人力资源经理为例,如果她对其岗位工作价值观有清醒的认识并且认同,那么她的时间安排和分配会更为合理。如果不能以信导行,人力资源经理可能一头扎进具体事务,总是做着事务性工作。反过来看,他如果不能以行验信,他也无法找到行动的方向。经理人员不能选择做什么、不做什么;无法对活动性质和类型进行区分、理清和排序,是很难有效率的。只有通过信念引导和持续"事上练"反复进行的学习过程,管理者才能精进和演化,成为有效率和有影响力的人!

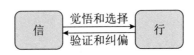

图 1-8　以信导行和以行验信

1.4.3　以信择知和以知笃信

了解了"以行促知"和"以知促行",以及"以信引行"和"以行验信"的相互作用和学习模式以后,我们来考察知和信之间的关系。信念或立场态度明确以后,管理主体的认知或求知就有了方向,并能够更有针对性地关注信息和理论工具。信念会引导主体选择理论、视角和工具的方向和类型。除此以外,借助信念、立场、身份的引领,主体也能够获得知识优化、升级、再部署的动力和能量。"以信择知"的学习方法有信念引导、聚焦选择、合理进行优化级排序、知识结构的优化等。

反过来看，知识、理论和工具的汲取，又能够帮助主体去夯实、印证其立场、态度、境界，做到"以知笃信"。在企业组织进行文化（信）建设的过程中，其落地要和制度（知）进行配套。以知笃信的学习方法有编码化、制度化和合理化等。图1-9刻画了信-知和知-信之间的相互作用。

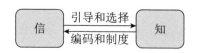

图 1-9　以信择知和以知笃信

1.4.4　知 – 信 – 行的互相作用

在这一部分，我们考察信和知行三者的关系。

首先，我们来看一个优秀管理者也是现在仍然活跃在职业发展舞台上的超级学习者的例子，即原重庆市市长黄奇帆先生。长期以来，他为党工作多年，在不同地区和岗位上担任重要职务，能够做到兢兢业业、成绩斐然。最关键的是，他能做到可持续发展。

黄奇帆在重庆工作期间，曾和六任重庆市委书记共事。这六位书记风格各异。在和风格迥异的"顶头上司"进行协同的时候，在面临不确定外部环境的时候，在高标准、严要求的干部绩效考核的大考中，重庆市GDP（国内生产总值）增速在全国处于领先水平。黄奇帆先生当时主抓的重庆土地管理模式就为城市带来了可喜的增长并成为亮点。在任期间，黄市长在重庆市建立了土地整治储备中心。2002年，重庆市一次性储备了40多万亩（1亩≈666.67平方米）土地，之后20年内每年只开发5%，即2万亩左右。2008年12月4日，重庆推出了全国首创的地票交易制度。

2010年，黄奇帆对重庆房地产发展又提出了"25%理论"。此外，他还坚持把重庆的财政一分为三，预算内的财政"保吃饭"，包括政府机关运行经费、社会养老、医疗保障体系等；土地出让金等预算外收入保建设，如修路、修桥等基础设施；第三财政就是国有资产预算。更为惊艳的是，他还策划并组织了"渝新欧"铁路，在重庆—新疆和德国等欧洲城市之间建立了一条邮政班列，成功地将重庆企业生产的电子产品销往欧洲各国，并将欧洲的肉类、汽车等产品运回国内。渝新欧邮政班列的成功建造和有效运行，为重庆的经济增长立下汗马功劳，也成为我国"一带一路"建设中的标杆和榜样。

黄奇帆先生在重庆任职期间取得上述骄人的绩效，造福一方百姓，和他的洞察力、共情力和反思力是密不可分的。这些能力自然和他作为超级学习者的学习方向、学习内容和策略是分不开的。首先，他对重庆市市长的职位要求和价值追求有系统思考和深刻领会。比如他清楚这一职位的公共性、社会性和正式性特点。在担任市长之初，他就明确了自己的定位：对上要让党中央放心，对下要让人民和老百姓安心，对团队则要做到有目标、担责任和出绩效，对自己要选择不做什么。黄奇帆先生认同市长岗位的工作价值观，并能够内化成自己的信念。其次，他拥有渊博的知识、开阔的眼界、规范的操作和专业的态度，他在经济学、政治学、金融学、国际政治、历史学、哲学等方面都有深厚的知识积累，这些知识促进他采用系统的方法、练达的策略和创新的做法，来进行不同阶段的造局、破局和成局，并不断做大蛋糕，形成增量。再次，在不同阶段，进行项目落地和行动部署的时候，总是围绕重庆市的公共性目标，快速、精准地将组织内外部资源进行合理搭建和整合。最后，在长达10年的市长职业生涯中，他还善于和历任市委书记做好管理协同与共舞相伴，求同存异。黄奇帆先生上述几个方面的策略，正体现出他是三维学习高手：既有信念的引领，又有知识的武装和装备，还有精准的行动和有效决策。他善于将场景中看得见的知行活动和看不见的信念、原则和愿景进行有机链接。作为一位超级学习者,黄奇帆先生在退到二线以后,现在依然活跃在我国经济和金融领域,发挥余热,为国家和为社会贡献力量。

通过黄奇帆先生的案例,可以看到当管理学习主体有意识地在"信和知行"三维之间建立联结,并进行循环互构以后,能够产生成果和绩效。首先,管理主体,尤其是中高层管理者要有意识地明确职位和职务背后所必须秉持的理念、立场和原则。以此为依据,建立自己和世界、和他人以及和自己关系处理的框架。在"信念"维度的引导下,学习主体关注和选择理解世界、分析世界所需要的工具和理论。界定和分析问题以后,则来解决问题。如图1-10所示,当主体采取行动或获得经验以后,行动这一维度又会反过来影响主体去归纳、升级和再部署自身的知识体系。因为有效行动和接地气,学习主体的敏锐度、手艺和经验得到磨砺,其信念也会因此得到加强或者纠正。

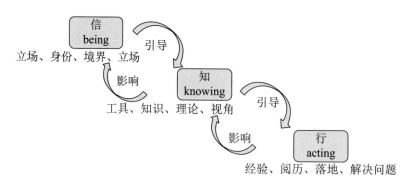

图1-10 信和知行的相互作用

在这里,特别需要关注的是三者的互相作用,会带来两种不同的结果:

如果学习主体立志做大事、有愿景和抱负;自我是开放的、反思的和演化的,那么经过三维学习的反复进行,其结果可能是正向的、有利于他人的和有利于社会的。以我国改革开放的总设计师邓小平为例。无论他处在什么环境下、担任什么职务,他都能够选择相信自己是"中国人民的儿子"。有了这个信念和原则,他就能够聚焦于社会发展、历史发展以及国家发展等范畴知识、工具和信息。等他恢复工作时或是处在能够决策和行动的场景中,信念和知识能够帮助其精准行动。比如在改革开放初期,他毅然决定在"中国的南海边画了一个圈",就是在距离香港很近的深圳,进行全国经济改革的试点。取得初步和局部成功以后,再在中国沿海 14 个城市进行模式复制,进一步推进改革和开放。又比如在 1992 年,基于当时中国社会的主要矛盾,他毅然决定"南方谈话",并号召群众要坚持改革开放,并选择坚定不移地走"有中国特色的社会主义道路"。邓小平在不同发展阶段,提出的猫论、发展是硬道理等实践性很强的价值主张,都是根植于他对国家和人民的爱,对价值观的坚守。这些主张和说法,能够统一我国社会不同群体的行动,并使得我国社会能够在不乱的情况下,进行大规模的社会性改革、创新和致富,成功帮助我国人民摆脱了"挨饿"的历史命运。

但是,如果知 - 信 - 行之间的链接原则和方式不恰当,尤其是学习主体的定位是封闭的、人云亦云的、故步自封的,或者其理念原则是偏颇的、极端的或者过于以自我利益为中心的,那么后果就是五花八门或者是令人失望的,甚至是害人害己的。

以我国革命初期的领导人王明为例。他曾留学苏联。回国以后,在革命和领导过程中,他以共产国际的教条经验,而不是以实事求是的态度,分析中国社会现实。王明当时自恃有共产国际撑腰,通过各种会议,坚持其"左"倾教条主义路线,坚持以城市为中心的革命主张。他自以为的信知行逻辑以及因循采取的措施和发出的指令,导致人、财、物的损失,并最终给我党的发展造成不利影响。比如王明在组织维度,一味坚持以"积极拥护和执行国际路线的斗争干部——特别是工人干部,来改造和充实各级的领导机关"。又比如在处理内部矛盾的时候,用类似于同罪犯和敌人进行斗争的方式来进行党内斗争，使得很多优秀的党员干部受到污蔑和伤害，给党的事业造成重大损失。

再以我国近年来所进行的"打老虎"行动为例。公开报道的资料显明，有些身居高位的党政干部因为阳奉阴违，违反党纪国法，沦为阶下囚。面对采访镜头，他们泪流满面，都表示自己"忘了初心"，辜负了党和人民的信任。这些违法乱纪的高官中，不乏知行合一的高手，但可惜是"假知"和"罔行"的合一。他们的良知被遮蔽、信仰被搁置，最后走向人民的对立面，生生切断自己可持续发展的通路。

除此以外，管理学习主体还需要关注到，如果学习主体自身的行动和经验有局限，但对局限和封闭却不自知，鲜有反省和反思的习惯，那么其关注的信息类型，常常会是为自己教条的和封闭性的心理倾向寻找合理的解释借口。如此行知链接以后，又会导致其态度和信念的偏颇，变得极端的自以为意。日复一日地进行机械、教条而又封闭的重复以后，就会沦为苏格拉底所说的"洞穴人"。其行动就会被本能和情绪所左右，又无法摆脱偏见的束缚，最终成为僵硬、固执和狭隘的存在。

如何避免三维学习可能带来的弊端呢？学习主体要学习致良知。这是三维学习过程中极其重要的学习原则，也是关键学习方法。

良知是学习主体自然具有的道德意识和道德情感，它可以不依赖于环境、教育等后天的"熏陶"或"污染"。阳明先生说，"良知自知，原是容易的。只是不能致那良知，便是'知之匪艰，行之惟艰'。"阳明先生的四句教，即"无善无恶心之体，有善有恶意之动，知善知恶是良知，为善去恶是格物"为我们致良知指明了方向、提供了方法。具体来说，致良知的学习方法有不遮蔽"良知"、学习区分辨别真善美和假丑恶的边界和表现、事上练等。表1-1梳理出三维管理学习模式。

表 1-1 三维管理学习模式

维度联结	学 习 策 略
行→知	以行促知：反思复盘、问题再界定、改变提问的方式、探究辨析、比较分析等
知→行	以知践行：研判场景、量身定制、主体清晰、试错迭代和事上练等
信→行	以信引行：亲身经历、主动认同、濡化内化和角色自觉等
行→信	以行验信：创意混搭、即兴回应、实验体验和孵化催化等
信→知	以信择知：聚焦选择、优先级排序、知识重构和再部署等
知→信	以知笃信：明心见性、优化升级、编码显性、制度规则为载体等
致良知	事上练、领悟体会、体认认同、先验和后验有机结合、不忘初心

第 2 章
管理者学习策略

管理者的绩效取决于如何学习和掌握特有的思考方式和学习方法，这样才能有效地解决问题。

——明茨伯格

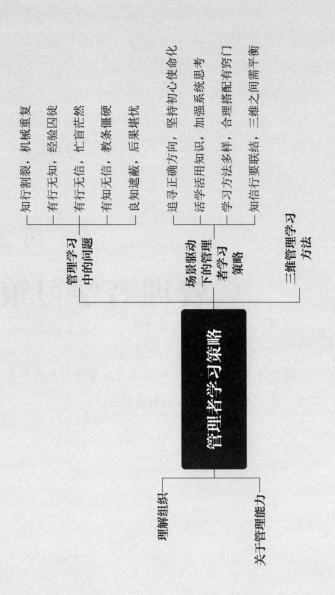

第 1 章阐明了三维管理学习的内涵和模式。基于管理学习主体信念、知识和行动,我们提出七种学习策略。第 2 章在理解组织的基础上,说明组织对管理者的能力要求。这里提出管理者三大重要能力,即战略洞察力、关系共情力和自我反思力。除此以外,本章系统分析管理者能力成长过程中进行学习的必要性以及学习过程中的常见问题。最后,本章提出具体的管理学习策略。本章坚持知行合一原则,基于作者采访、观察以及教学中的案例,提出具体的管理者学习方法。

2.1 理解组织

在巴纳德看来,组织是一个复杂系统,由组织目标、协调沟通机制和成员贡献意愿三个要素构成。司各特认为组织中两个最关键的议题是组织目标的明确化程度和组织形式化程度。以形式化程度为例,指的是正规化、专业化和规范化在不同组织、不同发展阶段甚至不同组织不同部分的选择。总体而言,西方学者对组织的"非个人化、理性化和形式化"较为重视。这些见解在大规模工业化制造时代，关于组织的"理性"模式是颇受欢迎的。因为工业化时代，衡量组织，尤其是企业组织成功的因素是规模、数量、专业化、角色的清晰化和管理控制等。但是，在当今的移动互联网时代，企业组织更需要重视客户体验，也需要其对环境的敏捷反应，创新、速度、整合和灵活性成为企业可持续发展的王道。创新和敏捷等组织能力需要企业管理者和员工进行共创。他们的思维、心态和知识更新都要随着组织的变化而变化。总体而言，乌卡时代的企业组织学习和管理者学习要关注以下几个方面：

首先，组织的外部环境，因为新冠肺炎疫情、国际贸易特点和技术进步等原因，变得更不确定、更模糊和易变。组织的边界变薄，组织对环境的适应性需要更强。组织越来越多地成为平台，必须和环境或"生态"进行更多的链接。管理者在预测和把握组织方向的时候，一味依赖分析性方法来推导组织战略很多时候并不适用。另外，客户需求的内容和形式，也和过去的表现不一样。比如在我国社会，新中产阶级尤其是 25～40 岁的人群占比高达 61.4%。这个群体中，本科以上学历占比 59.7%，年收入也较高。新中产追求有品质和有态度的生活。这个群体对任何企业组织的创新而言，都是不可忽略的。为"新客户"服务的企业，在面临这样的变化趋势时，尤其需要关注自身能力和知识的再部署。这就需要有明确目标和合理学习方法，才能有效满足客户需求。三维管理学习方法，对于处在变化中的学习主体，是有赋能功能的。

其次，管理者和组织更需要掌握系统能力和整合能力。中国企业经营已经进入"黑铁"时代，内部集约化管理列入议事日程。对于企业管理者而言，其整合能力、在约束条件下进行有效决策的能力成为其职场发展的重要底色。这些都需要管理者学习区分矛盾性质，运用好场景中的亮点和机遇，将心力、能力和毅力进行有机整合，才能形成自身的独特能力，迎接挑战。

再次，数字经济条件下，环境对组织运营效率的要求会更高，因为组织本身是熵增系统。企业和管理者需要进行"自我革命"，寻找转型的契机和节奏，才能有助于组织"熵减"，保持可持续发展。从学习的角度看，这正是要求管理者学习"遗忘过去不相干经验"。这对人性是一种反动。因此，自我反思力就变得非常重要。这个需要学习者站在更高的视野，理解变化和习得多样化、有勇气、毅力和韧劲来完成自我革命和自我迭代。

最后，在敏捷和数智化时代，组织变革不再是偶然性的，而是经常性发生的事情。组织能力本身如何做到双元、敏捷和适应？三维管理学习模式能够帮助组织设计出更合适的培训和干部发展项目，比如训战结合的学习项目来提升干部能力并形成更有效的组织能力，推动和引领组织转型和变革。

2.2　关于管理能力

正如图 1-3 所示，通过三维管理学习，学习主体能够在信和知行之间进行有机联结，并形成稳定的和独有的学习习惯。以此为基础，管理者获得其解决问题所需要的三大能力，并因此施展领导力和影响力，来带领团队、落地战略和获得绩效。更重要的是，管理者能够在动荡的和变化的环境中提升自身的适应力与敏捷力。

巴纳德认为，组织目标是非个人化的，成员的目标是个人化的。组织目标和成员目标的矛盾与差异恰恰就是管理存在的理由。管理者需要创建出符合组织目标的"诱因"，如生物的、物质的和说服诱因，来和员工的贡献意愿进行交换。这样才能维持组织的动态均衡，实现组织的可持续发展。管理者要进行协调、沟通、激励、引导和说服，才能帮助成员统一行动和实现目标。

在我国的社会文化中，我国先哲却认为领导人或管理者的个人目标和组织目标是兼容的与互相成全的。当管理者有意识地将自己个人成长和组织目标、社会规范要求进行联结的时候，自身也得以成长和发展。阳明先生认为人的公共形象和自己的责任担当是可以合二为一的。人的根本是要立志。立志是意志的确立。立志就是求知，但不只是获得知识的知。立志，其实就是"选择相信什么"，它就是人的一面镜子和一个力量源泉，帮助人加以反思和反省的参照标准。它能够在人的日常生存状态和未来理想状态之间架起一座桥梁。立志同时也是行动，以信引行，说的就是按照信念"再安排"行动。通过行动的"再安排"，主体深刻领会选择不做什么，同时也理解"不是做所有的事情都是有益的"的真正含义。有了"信"，主体有力量选择不做价值低的或临时应景的活动，也能够避免冲动无序的活动。主体的行动不再盲目。除此以外，新行动也能够带来新的有深度的认识，即"以行验信"。总之，立志是主体学习过程中，进行知行合一的"力量源泉"。

在阳明先生看来，以立志或者良知为基础的求知，能够引发人的转变。在追求"做圣贤"的过程中，人往往能够获得精神突破和蜕变。自我不仅是见天地、见他人和见自己的关系枢纽，还是心智和思维持续发展的动态组合。它既是内在的，又是超越的；既是先天的，又是后天的。人经过自我更新以后，成为"君子"和"哲学王"，即有道德的人。在心智和思维持续发展的动态过程中，获得"见天地、见他人和见自己"的境界。本书沿用阳明心学的逻辑，将其延展运用于现代企业中。作者结合企业组织经营过程中的目标、对象和活动，提出管理者的三大能力。

"三见"中的天地，指的是管理者对组织和环境的关系、经营和管理的关系、战略和组织关系的洞察与研判。比如在企业组织中，和管理者有关的"天地"主要表现为他们对组织技术环境、政策环境和客户价值的理解和解读，以及据此所设定的组织攘外安内的战略和策略，具体表现为"战略洞察力"。这一能力影响管理者看问题的长度，帮助他们在过去、现在和未来之间建立联系；也会拓展其看问题的高度，如视野和立场；还会扩大看问题的宽度，如对产业、生态、竞争等都有自己的判断。战略洞察力对于组织是极其重要的：能够挖掘和满足客户需求；找到组织发展的指南针；偏航了以后有能力调适和纠偏。本书的第 3 章，将阐述管理者战略洞察力的习得路径。

"三见"中的他人，指的是管理者要交往、协同、合作、博弈的人和事。这里既有本部门内部的关系和资源处理，也有部门间的关系和信息处理，还有组织外部的生态链接等。随着数字化转型的风起云涌，新生代员工的活跃和主流化，管理者更需要理解组织或部门作为平台的性质，关注组织间关系。这一能力和管理者的关系能力、共情共舞能力和沟通能力有关。我们用"关系共情力"概括。它对组织的价值是不言而喻的。企业组织中，战略落地、产品创新、氛围优化、客户需求满足等都需要管理者在其间进行引导、联结、整合和说服。本书的第 4 章，将描述管理者如何通过三维管理学习建构关系共情力。

"三见"中的自己，是管理者可持续发展的起点和终点。见自己和管理者本人的心力、耐力、能力和抗压力有关。我们用"自我反思力"来表达。这个能力对企业转型中所需要的思维转变、变革过程中要有的氛围营造、数字化过程中突破专业化分工等，有很大的价值。本书的第 5 章，介绍管理者如何通过三维管理学习来获得和修炼自我反思力。

图 2-1 描绘了对应不同管理范畴，管理者应具备的三大能力以及彼此之间的联系。

从图 2-1 可以看到，管理者首先要思考组织和环境之间的关系，尤其是政府政策演变、社会技术发展水平、产业领域的竞争情况等，所对应的能力是战略洞察力。管理者有了战略洞察力，就能够把握好企业的发展方

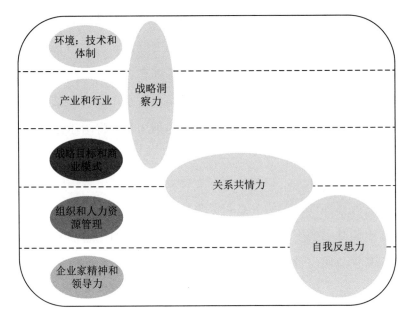

图 2-1 关键活动和管理者能力

向，也能够定义未来。在组织宏观战略意图清晰的情况下，管理者要根据企业组织的资源条件、权力类型和流程链条等，进行战略部署和落地。这里最重要的能力就是关系共情力。它要求管理者能够在动态的环境中，和不同利益相关方进行持续、反复的管理沟通。自我反思力则是任何管理者都需要具备的"修身"的功夫。它是内求的、反思的和整合的。这一能力更是要求学习主体穷极一生去修炼和追求的。

对于企业组织而言，战略洞察力侧重于"攘外"；关系共情力侧重于"安内"。两力通过自我反思力能够加以聚焦、整合和配套。管理学习者通过长期的和不懈的三维管理学习，能获得并升级三大能力！

除此以外，还要注意在企业组织中，不同层级的管理者，三大管理能力的侧重点有所不同。对于基层管理者来说，战略洞察力更多地和理解战略、执行战略和追随力有关；关系共情力则和其融入团队、履行岗位职责相关；自我反思力表现为行动和体验的积累。在中层管理者那里，战略洞察力主要体现为其认知战略的能力，翻译转化战略的能力和将组织战略和部门目标进行挂钩的能力；关系共情力对中层是最重要的，它要求中层管理者具有在部门内、部门间、组织间进行联合、游说、整合和部署资源与人马的能力；自我反思力则意味着中层管理者需要进行阶段性复盘，将经验性的做法升级为一般性模式，并能够和团队成员表达清楚。就管理者而言，战略洞察力是最重要的，它意味着管理者能够给企业指明方向、明确目标。管理者必须具备预测未来的能力和定义现实的能力；关系共情力对于管理者而言，是要进行干部管理、文化建设和组织设计；自我反思力是致良知和牢记使命不忘初心。表 2-1 总结了在企业组织中，不同层级管理者的三大能力以及各自的重点和关注点。

表 2-1 管理者的能力

三大能力	高层	中层	基层
战略洞察力	指方向 设目标 明意义	懂战略 能部署 会执行	有目标 会追随 做成事
关系共情力	合法性 创生态 会破局	能向上 有绩效 善赋能	态度明 团队亲 能合群
自我反思力	致良知 善平衡 果决力	善反思 会总结 有绩效	有积累 会学习 懂规范

这里以一家企业的 CHO 即人力资源管理总监 A 女士为例。A 女士目前服务的公司已有 20 多年的历史，公司年销售收入达到 20 亿元。该公司目前面临转型升级和业务重构。A 女士在 HRM（人力资源经理）领域已经深根 15 年左右。在这种情况下，其战略洞察力表现为对组织动态性战略的预判、将职能和业务进行联结的能力。她还要主动寻找和物色新业务发展所需要的领军人物和营造创新文化氛围。除此以外，她还需要强化自身的企业家精神，对新的矛盾和挑战要有勇气去处理和引导。战略洞察力

于她而言，是需要刻意训练和学习的。她要从过去执行战略的角色，转化为现在能够"破局和共创"的角色。这里，A 女士尤其需要学习建立"志向"，用以信择知和以信引行的方法，来训练自身的战略洞察力和预判力。

在目前企业场景中，A 女士的关系共情力体现为向上管理的能力、带领本部门团队的功夫，和业务部门有机联结的能耐，还有和其他职能部门联动并有效掌握有效信息的沟通能力等。这里尤其需要 A 女士能够做到同理心和果决力并存，才能有效助力组织变革。

在目前场景中，A 女士的自我反思力体现为：如何升级自身的能力；如何进一步优化自己的知识结构；如果业务部门不接受重组方案，应该如何摆正心态；如何挖掘正能量并扩大影响力；如果文化改造项目收效甚微，主管领导问责于人力资源部门，如何做到向内求，并复盘讨论找到自己和部门工作中的盲点和误区来获得下一步有效行动的力量；当手下的人力不够，压力扑面而来，截止日期迫在眉睫的时候，她如何抗压并能够有效解决问题。

2.3 管理学习中的问题

多年以来，作者从事 MBA、EMBA 的教学和研究工作，同时也常年担任企业管理顾问，也曾经有过担任管理工作的经验。在和管理者交流的时候，或者反思自己管理经历的时候，有机会观察到大量管理者学习的现状和特点，并在他们立场和身份界定模式、知识学习方式和决策判断等方面获得大量一手资料。在这一部分，作者用三维管理学习视角对观察到的现象进行分析，考察管理者学习过程中存在的典型问题，并希望基于实际情况帮助管理学习者找到有效的学习策略。

2.3.1 知行割裂，机械重复

扩展阅读 扫描此码

在第 1 章，我们了解到知行和行知之间如何互相作用，才能做到学以致用和知行合一。但是，在实际情况下，可以看到不少管理学习者在商学院上过课、拿过学位，对知识如何和实际进行结合还是有些茫然。少数读过 MBA 的人还会出现倒退的情况。比如，他们在写作 MBA 和 EMBA 论文的时候，需要学会将理论（知）和案例（行）进行结合，但大多数人要通过反复训练才能学会。在训练过程中会出现这样的情况：急于求成。他们在用知识或者工具的时候，经常淡化决策主体，也没有对具体场景实际情况的梳理、归纳，以便和理论或者工具进行合适的匹配。在知和行联结的时候，不少学习者希望将"理论"公式套用或平移到案例企业中去并快速解决问题。比如学了 OKR 即目标和关键成果这一根植于互联网企业的新型绩效管理和沟通工具以后，就想着用此工具改造现有部门的绩效考核并希望在短期内取得效果。但实际上，OKR 是有使用条件的，如组织创新氛围好、数字化程度和沟通渠道畅通、管理者比较熟悉教练和促动类的管理技术。另外，还需要 HRM 部门和 IT（互联网技术）部门密切联动，做好数据管理和运营管理。如果在 OKR 这一管理工具是什么和为什么的基本原理没有吃透与充分理解的情况下就想着去落地，并希望一步到位地调动员工积极性，往往欲速则不达。一厢情愿和急于求成的管理学习者通常都是线性思考者，他们容易在事物的一个维度或者不考虑前提条件的情况下陷入循环。实际上，知和行是多层次的和综合性的，有的时候是动态的，有的时候是静态的。

知行割裂的另一个原因是管理者分类能力比较弱，尤其对管理场景中分类的逻辑和方法不熟悉。在人力资源管理的学习过程中，一般教科书都会倡导"以人为本"的理念。但在真实的管理世界，"人"是什么？是谁？其技能知识态度和岗位匹配情况如何？绩效处在群体中的什么水平？在组织的任职资格体系中处在什么序列？这些都是管理者要注意学习的。再比如企业绩效管理和考核，就是希望用较为公正、透明、稳定和科学的方法，对员工进行区分和分类。有了区分和分类，管理者才能做到有针对性地管理，也才能帮助提升员工工作效率。合适的分类、分层、分阶段、分系列等科学方法，能够帮助管理者更好地联结知和行，更好地将主观世界的认识和客观世界的改造加以结合。

再次，如果学习者对观念世界和现实世界，物理世界和思维世界的区分和联结弄不明白，也容易陷入知行分离。在 EMBA 学习者中，有的同学在特定专业领域深根多年，经验丰富。比如有位管理者，他在薪酬管理尤其是福利管理领域积累了大量经验。在其进行论文写作的时候，也以自己曾经服务多年的公司为案例，进行理论联系实际的分析。但这家案例公司，因为疫情、产业政策、多元化战略等因素的影响，其商业模式已经难以为继。自然地，该公司的福利项目和员工敬业度项目也就不是那么受重视了。因为危机当下，企业希望能够"断臂求生"。基于这样的实际情况，这位学习者变得一筹莫展，而且对自己的经验和多年来形成的专业判断以及在课堂上学到的理论知识都陷入深深的怀疑，并一度陷入自我否定。自我效能感也急速下降。作者和他进行电话沟通，引导他去扩大思考范围和打开知识空间：比如百年企业也会经历风雨，也有起落，甚至还会经历战争等更糟糕的环境冲击。但是，为什么有些百年企业的员工敬业度和福利管理依旧能够"维稳"？还能够在帮助公司渡过难关的关头起到作用？这些公司究竟做对了什么？另外，作者提醒说，福利管理和员工敬业度管理，在企业发展不同阶段，有不同体现是否正常？作为专业人员，如何在变化中维持不变的成分？如何建立系统思维和周期管理，在不同阶段之间加以调节和平衡？组织目标，尤其是可持续性的发展目标，是否会受到影响？通过讨论和沟通，这位经验丰富的管理学习者心情"由阴转晴"，他重新梳理了自己的思维，找到了更高维的视角并重构了自己的经验，用不同的态度和立场来审视原来服务的公司和自己主持的项目。在二度创作的时候，他将原有案例公司的经验作为素材，找到新的立场来重构可持续发展公司员工敬业度管理的认知。通过这一动态和曲折的学习过程，这位学习者厘清了现实世界和观念世界的区别与联系，理解了管理过程中管理者对"空性"事物和"存在"事物之间的联结，找到了虚实结合的机制。这一训练和学习过程，对其建立洞察力和反思力有价值。

2.3.2 有行无知，经验囚徒

近年来，管理的现实性、操作性、实践性和功利性等特点被强调得非常多。但管理的"物理性事实"被强调过头以后，管理的"社会性"事实往往受到忽略。再加上有些"名人"嘲讽商学院教育和传递知识的功能。这些高调的"成功人士"对自身的经验和阶段性的成绩进行反复传播后，就使得不少不善于批判性思考的管理学习者开始沦陷在极端"实用主义"的泥潭中并成为经验囚徒。经验囚徒很容易盲目自信和故步自封，并可能带偏公司。他们相信"眼见为实"，而对看不见的却是无比真实的管理真相和新生事物视而不见。这样也很难找到创新的契机和可持续的空间。

实际上，在数字化转型的当下，新生事物可谓风起云涌。经验是面向过去的。它对新物种和新知识常常是失效的。德鲁克早就明确指出，管理者要具有学习"遗忘过去的、不相关经验的能力"。比如，数字化转型的新场景中，创新的商业模式总是不甚明朗。如果决策层沉湎于过去的经验，而没有开放的心态和饥渴的心态（stay hungry）去持续学习，更新和重构自身的经验，那么公司的命运就会"岌岌可危"却不自知。以目前我国企业界讨论最多的数字化转型为例：做事情的原则似乎都很明确，即要建立以客户为中心的经营理念并进行组织重构。但怎样才能做到？在这种情况下，只有向高手学习、跨界学习和向标杆学习，给员工持续赋能并投入资源，才有可能找到出路。比如美的公司的数字化转型在目前看来是较为成功的。美的集团董事长方洪波说："通过数字化技术的大量应用，要进行基础设施的升级。升级以后才能获得全价值链的所有数据。在此基础上，才能对这些数据进行优化、计算和筛选分析，就能最快速洞察到用户的变化，就能够比竞争对手更快速地提供更好的产品和服务给用户。"在这个过程中，方洪波充分信任团队，并在企业中设置新职位，如数据分析师、组织架构师和产品经理等。公司用了几年的时间去孵化、学习、混搭和整合，终于取得突破性效果并成为数字孪生的标杆企业。

再比如，有些大型企业现在也要做数字化转型，但在新商业模式落地过程中，最缺数字化人才和领军人物，所以就需要挖人物和抢人才。挖过来的人物和抢过来的人才，其薪酬水平远远高于企业内其他类似职位的人物或人才。这就造成了不平衡和很多矛盾。如何摆平这些矛盾？这又是经验范围内很难解决的。这需要专家系统和智库系统，通过有关薪酬管理和激励管理的专门知识来提供决策依据与制度设计措施。企业面临新老队伍建设的时候，需要系统思考和顶层设计，要从整体战略目标的锚定、新文化氛围营造、新人才分类新标准、职位稀缺程度调研和岗位评估等多方面入手，才能寻找到较为可行的解决方案。如果囿于经验，则容易止步不前失去机遇，组织难以找到可持续发展的路径和方法。

2.3.3 有行无信，忙盲茫然

三维管理学习模式强调"信"在学习中的统领作用，是因为阳明心学强调主体的"立志"是人成才之本。立志本身是求知，也是指明行动方向的源头。在西方学习专家看来，学习者的"态度"是其知识链的顶端：态度引导学习主体关注信息、选择工具并引导其行动，见图1-10。在管理场景中，信念经常与管理者对组织目标的理解和认同有关。在 MBA 课堂上，我们可以看到不少学习者在进行问题分析的时候，对自己的部门利益、自己的感觉和自己的功劳看得较重，而对管理工作所需要去联结的组织目标、本岗位或部门任务的宗旨却"视而不见"。实际上，在学习和履职过程中，如果总是"埋头拉车"并陷入繁忙事务海洋中，管理者就容易变得庸俗化和短视化，而且容易成为"只有苦劳，没有功劳"的人。忙碌和繁忙的管理者，很少有时间"出乎其外"，更谈不上"超乎其上"，久而久之就会变得麻木不仁，最后陷入茫茫的具体事务的海洋中。这样的管理者既没有洞察力，也没有共情力。

我们以人力资源部门的业务伙伴 HRBP 为例。目前我们国家不少企业已经设置 HRBP 这一职位。从事 HRBP 职位的人，扮演的角色是多元的和跨部门的，他们既要理解业务，又要擅长组织设计；汇报部门有人力资源部门，也有业务部门，属于典型的跨界人才。从所做的事情看，确实是需要"日理万机"的：日常工作总是忙于开各种会议，出各种报告和方案，被方方面面的"最后期限"所"催逼"。HRBP 仿佛成了全公司最忙的人。但是，若止步于忙忙碌碌的话，HRBP 的两个上司就会对其能力和绩效产生怀疑。实际上，出乎其外和超乎其上的态度特别重要。HRBP 首先要去学习和思考组织或事业部面临的主要矛盾是什么，短期目标、中期目标和长期目标是什么，基于组织的目标（信），以及自己岗位目标和组织岗位的关联，有针对性地安排自己的时间和活动（行）。在扮演多重角色的过程中，还需要学习抓大放小、排序组合，而不能一味地、被动地被事务推着走。有了"信念"或者和"信念"有意识地链接以后，HRBP 就会选择有所为有所不为，学习抓大放小，选择做关键的和重要的事情。

2.3.4 有知无信,教条僵硬

扫描此码
扩展阅读

在管理者学习过程中,不少人已掌握大量的知识、工具和模型。但他们被公司提拔为中层管理者以后,有些人并不能胜任岗位,也很难独当一面。这里以某公司研发经理 D 先生为例来说明。

D 先生有非常好的教育经历,在读某知名大学 MBA 以前,已经获得两个其他专业的硕士学位,是典型的"学霸"。MBA 学位顺利拿下以后,他也如愿以偿去了一家平台公司做研发部门的负责人,带几个子部门。因为坚信"知识改变命运",D 先生的"内行和专家"管理风格在管理过程中展现无遗。他的手下表示:"D 总知识太渊博了!每次开会,都像在讲课。我们听的时候很激动,但散会后就不动了。我们不知道干什么。"

在目前发展阶段,D 先生所在公司的研发管理需要为战略落地添砖加瓦,并和业务部门密切合作。围绕未来三年的战略定位,企业的产品开发策略、里程碑目标、配备的资源、团队组建以及绩效管理体系等,都需要 D 先生进行设计、统筹、沟通和复盘。这里有大量的协调工作、配套工作和说服工作要去做。在这个职位上,D 先生的大部分时间必须花在目标导向与管理导向的活动上面,而不仅仅沉湎于"技术导向"的活动。但 D 先生以自己所熟悉的知识和专业体系为标准,要求手下的人和公司层面的其他部门服务于研发部门,试图用"局部"来统筹"整体",用"地方"来统一"中央"。在这里,D 先生将自己擅长的"知"作为其管理工作的统领。但光靠"我知道什么",而不去和组织目标、部门目标以及职位价值进行联结,知的作用在组织中是会大打折扣的,而且也很难得到上司和同事的认可。在他人并不支持的情况下,D 先生和他所带领的部门没有办法获得绩效。结果他又将低绩效的原因归咎于外,并因此滋生出"怀才不遇"的感觉。这种自以为是的感觉被自己信以为真以后,D 先生又产生"此处不留爷，自有留爷处"的跳槽念头。该念头又恰巧被另一家公司类似岗位的高薪广告吸引，D先生就选择毫不犹豫地跳槽了。采取跳槽行动以后，D先生在研发负责人岗位上的态度和行为并没有实质性变化。几个月以后，D先生又受到新公司的领导和同事的"挤压"。在职场连续遭受几次不顺利的暴击以后，D先生依然没有反思自己的定位和态度，反而觉得自己不适合在大公司做职业经理人。他觉得自己可能更适合创业。

从这个事例可以看出，在企业组织这样的场景中，管理者如果倾向于将自身的知识和能力视为最重要的，那么他就有可能会忽略岗位目标、部门目标和组织目标等方面的规范和客观要求，并因此在日常交往、活动安排的时候，将施展个人能力放在首位。这样的时间安排很难带来管理方面的绩效，队伍的士气也很难带动，和其他部门的配合也差强人意。时间一到，错误的管理排序和时间顺序一定会带来不好的结果。管理者的职业发展也会因此受到阻碍。

这个事例揭示的是信念，或者选择先想什么、先做什么对管理学习主体来说是很重要的。这也是帮助管理者确立合理目标的准绳。如果把握住"什么事情继续做，什么事情不再做，什么事情开始做"的原则，管理者就能够将"知识"和"工具"用到实处，切实可行地做好工作。

2.3.5 良知遮蔽，后果堪忧

2022年1月17日，中央广播电视总台央视综合频道播出电视专题片《零容忍》。在第三集《惩前毖后》中，有一个案例令人印象深刻。这就是原来担任北京市副市长并主抓城市规划的陈刚。在这部纪录片中，可以看到陈刚在任即2002年到2014年期间，为了实现自己的"设计梦"，和走得近的老板"合作"，在北京怀柔建造了一座私家园林。这处园林严重违反北京城市总体规划。除此以外，他还贪腐巨额钱财 1.2 亿元。数罪并罚，他最终被判处有期徒刑 15 年。

陈刚在镜头前说道："我想尽各种办法伪装，我被自己的这种私欲所困……我现在很痛悔，一个痛悔对不起党和人民，有负于此；第二个浪费了自己的青春年华、浪费了自己的宝贵生命。我醒悟得晚了。"像陈刚这样的高官，在其工作、学习和履职的过程中，被不同场景下的关系"围猎"住，"关系户"从安排他吃请娱乐，升级到提供车辆、信用卡，再到直接送上房产、巨款。同时，还有吹捧等软性赞美。逐步地，他在各种"围追堵截"中飘飘然起来，并失去了反思能力。良知被遮蔽，并蒙上了"厚厚的猪油"，最终滑向犯罪的深渊。

在管理者学习和履职过程中，良知和致良知其实是其展开工作和持续学习的出发点。管理者的现实活动，无论是表达喜怒哀乐、进行知识建设，还是完成任务项目、明德亲民活动，都是需要其将良知本身的大中至正或中正平和表达出来。良知是人的先天本质，通过求知和行动，就应该在现实生活和岗位执行当中呈现出来。在管理者学习中，无论在进行战略洞察，还是和利益相关方进行沟通，以及自我反思等过程中，都应该体现良知的本性。

在企业组织中，管理者面临的场景更加多元，手中的资源和权力也很集中，所以其学习过程中更需要有"致良知"的意识和定力，其中反思、复盘、出乎其外和超乎其上的修炼更为迫切。认识自己和致良知的功课，必须每天都做。我国著名哲学家梁漱溟先生说过，"对自己有办法，是最高深的学问。对自己有办法了，就可以避免不智和下等。"权高位重的管理者，在管理自己情绪、用好职位权力、处理战略拐点以及选择不做什么等诸多问题上，都要有清晰的思考和定力。在他们那里，第一学习选项就是需要致良知和反思自我。

2.4 场景驱动下的管理者学习策略

2.4.1 追寻正确方向，坚持初心使命化

扩展阅读 扫描此码

管理者学习的首要任务在于进行合理定位、把握立场和明确身份，即需要思考真正的学习目的。比如在组织理论看来，管理者首先要明确的就是理解组织目标和履行岗位职责。这是理性和规范的要求。但如何达到这种要求，这就和管理者的学习、学习中的定位、学习过程中对身份的把握有关。实际上在当今世界，这个充满不确定和模糊的世界中，立场身份的把握显得尤为重要。它类似于管理者学习过程中的定海神针，能够帮助管理者以"心力"的确定性来逾越和把握好形势与环境中的不确定性。

2019年3月，作者采访了中广核台山核电站时任董事长郭利民先生。在访谈中，郭董事长介绍了台山核电站1号机组的战略调整，即从跟随战略到EPR（企业资源计划）首堆战略的转变。作为掌门人，郭董事长介绍了他和公司全体员工如何共同努力，将理想照进现实并将不可能变为可能的历程。回顾整个过程，郭董事长总结了八条经验，即高层协调机制、同行经验反馈、计划紧跟变化、设计贴近现场、下游推动上游、基层深度动员、自主技术决策和斗争促进合作。

在访谈中，郭董事长说："值得一提的是，我们和强势上游供应商的关系，既有合作，也有斗争，通过斗争达到更深层次的合作，最终形成多赢的局面。更为重要的是，长期面对逆境和不确定性，台山核电需要着力打造具有首堆气质和灵魂的队伍：使命感、担当和责任。"

一旦决策者和组织明确了担当、使命和身份定位以后，台山核电站员

工就能够克服在设计、运营、谈判、商务等诸多环节的困难。2012年10月，项目在法国召开高层协调会议上，郭董事长和他的团队用富有国际特色"讲政治"的方法，召集8家参建机构，推动和促进成员就台山1号机组成为EPR首堆达成初步共识。企业外部形势取得相对稳定状态以后，台山领导班子立刻着手进行组织内部的变革。在国有体制基础上，公司推出灵活的、非常规性的变革机制，深入动员和整合台山公司内外部、上下游的资源和能力。公司从文化、组织、运营、技术、商务、人才队伍等各个方面进行优化和调整。在访谈中，郭董事长提到一个特别的事例：法方核岛设计队伍原来是在巴黎办公，后来经过台山领导层的劝说、谈判和斗争，这支队伍搬到了深圳。后来再经过艰苦谈判和台山厂区的花园式改造以后，让外方设计人员从城市转移到现场，最后将办公地点搬到了离机组不到100米的现场"地头"。设计队伍办公地点的搬动，极大优化了整个流程、节约了时间、振奋了士气和提升了效果。通过现场驱动设计，由下游调试倒逼和反推上游设计与供货，整个核岛辅助系统安装和移交被整体加速和推进。与此同时，生产队伍也向上游延伸，深度参与工程建设。从现场其他访谈中，我们观察到台山核电站的一线员工教育水平高、素质态度正。他们还采用边干边学和边学边干的行动学习机制，摸索出自主技术决策的机制。来自一线的智慧和"地头力"有效化解了首堆工程中固有和特有的设计反复迭代的弊端，给下游设备制造、安装和调试等环节带来叠加和放大效应。更为重要的是，一系列如现场办公、行动学习和自主决策策略多管齐下以后，工程建设避免了无用功，尤其是返工所带来的巨大经济损失和群体心理焦虑。与此同时，台山核电站的基层的后台员工，也是采用训战结合的学习机制，在其他环节如合同管理、商务管理等都进行同步创新。公司在综合各方力量，并做到力出一孔以后，最终将台山核电站1号机组由"首堆之势"转变成了"首堆之实"。

　　从2011年到2018年，经过长达7年艰苦卓绝的努力，"凭借自己不屈不挠的努力和付出，我们终于穿越了漫漫长夜，见到了后天初升的太阳"。2018 年 1 月 9 日，中法两国元首在人民大会堂为台山核电站 1 号机组成为 EPR 全球首堆工程揭牌。

无独有偶，考察日本"经营之神"稻盛和夫的学习机制和经营之道，也看到类似的学习策略，即"追寻正确方向，坚持使命初心"。在稻盛和夫创业后第三年，他遭遇"危机"：公司十几名毕业不久的年轻员工跑到他家里"叫板"，要求稻盛和夫和公司提供定期加薪和奖金待遇的保证。这是怎么回事呢？公司这十几名刚刚步入社会的年轻人，在公司工作一段时间以后就被要求长时间加班。他们显得疲惫，同时也看不到在公司的前途。新员工对此深感不满。稻盛和夫试图通过做思想政治工作来缓解员工情绪："由于公司刚刚成立，所以无法对你们的未来作出确切的保证，但是我将来一定会为你们着想。"但是，这一说服工作并没有起到任何效果。新员工"变本加厉"，干脆跑到稻盛和夫家里交涉，而且待了三天三夜。稻盛最后说道："如果你们还是信不过我的话，那么，能不能有敢于被骗的勇气？如果我背叛你们的话，你们就拿刀把我捅了！"经过稻盛和夫有魄力的协调，后来这件事情被平息了。

此事件对稻盛和夫的触动很大。他开始思考自己的使命和组织的使命，"我们究竟应该成为什么样的组织？"通过深入思考和反思复盘，他最终意识到公司经营就是应该为员工和家属的生活谋取福利，同时也要为社会作出贡献。至此，他所领导的京瓷公司，就将经营理念确定为"追求全体员工物质与精神幸福，并为人类和社会的进步与发展作出贡献"。

"立志"并明确使命以后，学习主体能够获得活力。公司和自身仿佛被注入一道光，有了意义感和价值感，并由此建立起存在的确定性。价值层面的确定性，能够帮助公司在发展过程中缓冲或减缓财务的、竞争的和经营等方面带来的不确定性，公司由此获得可持续发展的力量。图 2-2 体现了管理学习主体的学习顺序：第一要明确信念；第二要注意行动方法和合理安排时间；第三才是对知识和技能的部署与使用。

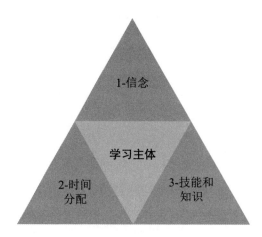

图 2-2　管理者的三维学习

2.4.2　活学活用知识，加强系统思考

在第 1 章，我们提到商学院 MBA 教育，许多模型、工具和理论对管理学习者开阔眼界和提升认知是很有益处的。比如巴纳德的组织三要素理论、德鲁克的卓有成效的管理者、明兹伯格的三角模型等，都能够给实践者带来价值。借助工具模型，管理学习者能够将散落、碎片的、无序的经验加以归纳总结，并能够形成属于自己的管理模式，进而更有效地指导员工，解决现实问题。更重要的是，有些管理工具能够成为统一公司不同部门的语言，有助于公司提升效率。

在 MBA 教学过程中，平衡计分卡（BSC）是战略管理、人力资源管理和财务管理中都要学习的。学习者在听完课以后，老师一般会要求学习者将其运用于自己公司或者部门的具体场景，绘制专属性的平衡计分卡图。学习这一工具，有助于学习者建立系统思考和统筹各项任务。这里以"人力资源管理课程"为例，看看平衡计分卡是如何切实帮助学习者强化系统思考和务实工作的。

第一，它是战略落地工具。BSC是卡普兰和诺顿在企业咨询基础上抽象提炼出来的。在公司形成战略方向以后，通过四个维度，即客户、流程、学习和成长（员工）和财务，帮助公司进行战略解码。战略解码以后，会形成公司在特定阶段要去关注的关键成功要素。有了公司层面的CSF，公司战略部门、业务部门和财务部门，通过会议、讨论和对标，能够将公司层面的关键绩效指标，即KPI（关键绩效指标）推导出来，并形成公司层面的KPI库。

第二，有了KPI库以后，公司绩效管理和考核委员会根据年度目标，用KPI进行组织层面和部门层面的绩效管理与考核，以保证公司的资源和部门能量围绕着年度关键而少数的活动进行，做到"力出一孔"。

第三，部门负责人谈判或认领了部门KPI以后，会结合部门实际情况，将KPI和员工日常工作进行适度链接。同时再考量员工的成熟度、成长情况和岗位职责等进行日常员工管理的统筹、考核、培训和沟通等。

第四，经过上述由上到下的梳理和链接以后，管理者还可以通过由下到上的方式，来找到CSF，即关键成功要素之间的逻辑链条，或因果关系。比如从内部员工和队伍，即人这一管理维度，可以找对应的关键任务和环节，并将其和流程维度即事这一维度的关键任务进行有机链接。员工和流程两个维度的关键要素进行有机链接拉通以后，再考量其和客户需求满足之间的关系。比如通过采取哪些"人"这一维度的措施、哪些"事"这一维度的措施以后，给客户带来"多快好省"的效果，即数量多、速度快、质量好、价值便宜的体验和价值。客户价值满足以后，则带来财务价值，如开源和节流。由此建立四个维度之间的因果和依存关系。这样的逻辑链条就是管理者进行目标管理的抓手。

第五，公司中层和高层都掌握这一工具以后，开会或对话的时候，就能够在一个频道上对话，而不会"鸡同鸭讲"、误解不断以至于效率不高。

当然，类似于平衡计分卡这样的管理工具，在使用的时候，要注意其使用前提和使用成本。

2.4.3 学习方法多样，合理搭配有窍门

在三维管理学习模式中，有几种适合于成年人学习的方法，是较为重要的。结合自身发展阶段、所处企业类型，学习者需要合理搭配和组合，找到适合自身发展和组织发展的方法。

第一是反思学习。管理学大师明茨伯格认为，管理者自身的经验是其重要的知识来源。经验不仅仅是所发生的事情，而是指用什么态度对待发生在自己身上的事情。因此对经验的反思和复盘，对于管理者而言很重要。反思是主体的思维活动；反思是有对象的；反思是自觉的、刻意的和自我驱动的；反思是有方法和路径的。通过反思，有经验的管理者能够在"自我"的过去、现在和将来之间建立有机联系，和更好的自己相遇。

反思还有助于管理者更好地自知和进行情绪管理，并能够对自己有办法。对自己有了办法，就意味着有信念、有高效行动和有合理的知识结构。

第二是质疑学习。三维学习的主体是管理者。管理者就是"让人做事并出成果的人"。他要带队伍、搭班子。团队学习或行动学习既是工作方法也是学习方法。团队学习中，成员之间互相学习、提合适的问题是很关键的。尤其是在科技类公司，成员的学习和工作是密不可分的，必须是边干边学和边学边干。互动过程中，成员会针对工作的任务、团队目标、面临的矛盾进行问题的框定和再框定。提出"真"问题是较为有效的聚焦成员注意力的抓手。大家通过讨论、分享、倾听、质疑，小组对"什么事情是重要的事情"达成共识。讨论过程中，经常会有困扰、纠结、迷茫、对抗等心理过程。但正是通过这样的学习和心理过程，学习者才能够习得澄清问题的技能和心态。从表现形式来看质疑，就是通过提问来达成的。问

题问对了，就相当于解决了一半的问题。质疑的前提是尊重组内成员，在不怀疑、不打断、不反对的原则指导下，认真倾听他人的主张。

第三是知识学习。三维管理学习模式要求学习者对组织理论、组织行为、战略管理、营销管理、商业模式、运营管理、人力资源管理、领导力等方面的学科知识有系统掌握和积累。有了知识积累，学习者在反思、提问的过程中，就有了"视角、立场和角度"，这也是充分体现"知识就是力量"。通过程序性知识的积累、理论联系实际的过程，学习者能够把握住问题背后的逻辑，并能够紧紧抓住组织目标，来进行问题的区分、联结和解决。对于管理学习者来说，学习知识、理论和管理工具的时候，还要注意考察其前提条件、使用条件和资源条件等。

第四是联系场景学习。在进行上述反思学习、质疑学习和知识学习的时候，学习者是"旁观者"或者"在野党"心态，是在逻辑世界和思维世界进行信息的加工、逻辑的梳理、哲学的思辨等，属于认识世界的范畴。但是，管理就是实践。管理者总是需要执行命令、带领队伍、控制风险和取得绩效。在行动这个环节，学习者要有"执政党"心态，将知和信和具体"场景"进行结合，需要思考物理世界的各种条件或者约束。场景学习中，学习者要考虑方案落地时所需要的边界条件、前提条件和资源条件等。知和行之间，距离其实很遥远。借助具体问题的设计过程，学习者能够深刻体会到管理和执行过程中的矛盾：既要有目标，又要有落地；既要往上要资源，又要向下做控制；既要有专业性，又要有整体性；等等。

第五是案例学习。案例学习法由美国哈佛商学院倡导，现在在国内商学院 MBA、EMBA 教学中是普遍使用的。案例内容基本来自商业管理中的真实情境或事件。案例学习的价值在于帮助学习者通过"以人为镜"，讨论质疑，来形成自身的知识体系。借助案例主人公需要解决的问题、消除的矛盾或者控制的风险，有些学习者能够从中学习到决策能力。从三维行动学习的角度看，案例学习过程中，如果学习者不能进行角色代入的话，其分析过程会显得评判化和书生化。另外，由于案例里的主人公大多为企业高管，当学习者没有相应的体验和阅历的时候，他们往往很难设身处地考虑问题，也是很难将"他人"的知转化为自己的行。

2.4.4　知信行要联结，三维之间需平衡

在第 1 章，我们了解到知 - 信 - 行三维之间是互相作用的。比如管理学习主体有初心和立场，这就会引导其去关注相关信息和知识。在此基础上，学习者在现实的场景中实施行动和解决问题。反过来看，行动和经验又会形成经验性法则，帮助主体来补充知识，并进一步验证或者丰富自身的立场和信念。

2021 年 4 月到 6 月，作者为某商学院 EMBA 项目组织和设计了为期两个月的行动学习。从流程上，该项目共有萃取问题、分析问题、解决问题和小组学习成果验收和汇报四个环节。该班级一共有 4 个学习小组，每组 7 位同学。在"萃取问题"环节，B 学习小组花了 1 个月左右的时间，来厘清问题的性质和明确问题的价值导向。在开始阶段，B 组的 F 同学将他的公司作为研究对象，并提出公司目前的问题是员工激励做得不好，奖金分配方式有问题。在催化师和组内其他同学的"质疑"下，F 同学对第一轮的问题也产生了怀疑。在学习项目进展出现"卡壳"的情况下，催化师建议 B 组同学组团去 F 同学的公司去做实地调研。调研以后，该组同学发现目前公司的问题主要在于流程不畅，即价值创造环节出了问题。更有趣的是，公司决策层将"价值创造"问题的解决寄托在外部咨询上。该公司决策者认为花钱能够解决的问题都不是大问题。后来催化师又启发该组同学，流程或价值链拉通的问题是技术性问题还是适应性问题？这个问题的问法有点类似于"魔法棒"，帮助 B 组同学

开启了思维。经过为期 1 个月多轮的团队共创和集思广益，该组将 F 同学公司的问题界定在新形势下，该公司的战略定位相对清晰的情况下，管理机制如何优化的问题，以关键任务和流程的再设计为例。当然，在过程中，老师还启发同学要以"执政党"的心态来看待和解决问题，而不是"在野党"的心态。这种问题拥有人或问题主人角色的提醒，也让该组同学沉下心来，正心诚意地去思考、去调研、去访谈、去分析和解决问题。

找到了问题，端正了心态，摆正了位置，这个小组后面的学习过程就如同开了挂一样，学习和分析这家公司就像是自己的事情一样。在分析问题和解决问题环节，B 组同学披荆斩棘，夜以继日，在催化师的带领下，阅读了相关的书籍、对标了案例，组内进行了分工，并将课堂上学到的运营管理、人力资源管理、战略管理等知识主动联结到案例企业中来。最后在小组学习成果汇报的时候，取得很好的成绩。

通过这个学习事例，我们可以看到学习者虽然都是企业管理者，但有些同学并没有自觉意识。他们看问题的角度比较单一和机械。根据本能和所谓的常识，总认为管理问题就是和员工积极性、激励分钱等因素是强相关的，后来经过启发，从公司角度出发，站在经营者立场，并从源头上找到公司"价值创造"环节的症状和问题。立场不同，学习者所关注的信息和知识就有所不同。公司层面价值创造 - 价值评估 - 价值分配整链条的学习和思考，进入该组同学学习的视野。关注的焦点不同了，后面设计解决方案的方法和主体意识自然也有所不同。至此，有的同学迅速建立起属于自身的"信念立场 - 知识工具 - 落地行动"三维之间的逻辑链条。随着本次学习落下帷幕，该班同学能够持续学习，并考量行动对内容和知识的丰富，以及知识对信心和立场的滋养。

在三维学习的训练过程中，学习者通过提问、反思、重构问题、明确立场等方法，能够找到合适的看待问题的角度。有了角度和赖以建立信心的依靠，学习者思维、信息、行动等都会得到重构。始于局部的、具体的、日常的实然逻辑能够逐步和信心 - 知识 - 行动的应然逻辑建立联结，帮助学习者提高认识问题的能力和水平。形成自己的"专属"学习策略以后，学习者就能够持续地在信心 - 知识 - 行动以及行动 - 求知 - 信心之间来回穿梭循环。通过持续和重复的过程，学习者能够磨砺意志、明确立场、建构意义，找到自己在不同发展阶段应秉持的信念。信念又会帮助主体在时间分配、精力使用、关注焦点等方面有更好的选择。图 2-3 为三维三位一体图。

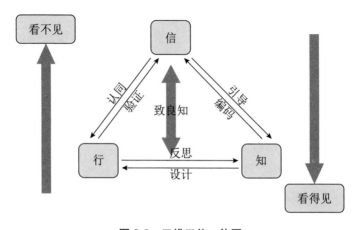

图 2-3　三维三位一体图

2.5　三维管理学习方法

英国学者瑞文斯是一位管理实践者。他根据自己在实践中获得的大量宝贵经验，深刻认知到管理的本质，并形成了他的"洞见"："践行管理和学习管理是同一件事情"（知行合一）。1938 年，瑞文斯首创行动学习，被称为"行动学习法之父"。行动学习方法是：第一，投入行动是任何学习的基础；第二，管理者最有效的学习是通过社会交换实现的；第三，基于行动和经验基础上的反思；第四，知识，尤其是结构化知识是学习过程中的"扶手"或者"探照灯"。

行动学习的"公式"如下：

AL=PK+R+Q+I。这里的 AL 是 action learning 的缩写，指行动学习；PK 指 programmed knowledge，即"结构化知识"，即学习那些已经"编码的或显性的"的知识、理论和方法。Q 是 questioning，即以"询问"或"质疑"的方式展开学习方式，尤其是"在不确定环境和条件下，提出富有洞察力的问题"。R 是 reflection，即反思和复盘，是学习者对自身经验所进行的归纳、剔除、厘清、重构的过程。I 是 implementation，即落地和实施。

在上述行动学习公式中，我们可以看到 PK 相当于三维学习中的"知"，即学习新知识、提高认知能力等。I 则是行。我们都知道，知和行之间的距离很多时候是大于真知和无知之间的距离的，所以需要学习主体进行质疑和反思。质疑和反思，相当于联结知和行之间的桥梁。那么，质疑和反思的能量来源或者源泉是什么？这在瑞文斯的行动学习理论中是没有涉及的。三维管理学习的贡献恰恰在于将学习主体的 Being，即信念、灵性、立场、方向或使命的价值清晰化。三维管理学习是在行动学习基础上的优化和升级。当主体有了自觉意识，学习内求并拥有强大内心，即更高维度的"信念"，即立场、原则、使命以后，其学习过程就是一个循环上升、持续演化的过程。三维管理学习明确指出在管理者学习过程中，信念的功能是统领性和方向性的，对于高层管理者而言更是如此。

总体来说，管理学习策略要从信念初心、知识建构、行动落地以及知行和信念的有机联结四大方面展开。通过探寻正确方向，坚持初心使命化，管理者能够培养出战略洞察力。在遇到事情和处理事情的时候，坚持原则和方向，做到不偏航和可持续。活学活用，知行合一，能够使管理学习主体借力书本，将知识、工具、理论等，并通过集思广益、结合场景和岗位要求来解决问题。与此同时，还要学习将经验本身进行复盘，从经验中找到模式,并总结出属于自身的管理知识和管理者理论。掌握不同学习方法,合理搭配杠杆化,如反思学习、质疑学习、案例学习、知识学习、实地学习等,都有可能帮助管理者或者由技入道,或者由道或技,实现职业发展过程中的升级、跃迁和转身。三维管理学习能够帮助管理者获得适合于自身发展和职业发展的方法与路径。知信行要联结,持续学习有效化,三维管理学习能够帮助管理学习主体找到属于自身的知行、行知、知信、信知、行信、信行二维和知-信-行三维之间的相互关系和相互作用模式。当学习主体能够合理和系统处理二维或三维之间关系的时候,尤其是明确自己的使命,秉持"长期主义"并"向内求"的时候,就能获得持续学习和终身学习的动力与方法。随着年龄的不同、职位的变化、所服务企业的变化,信心-知识和行动的内容和互相作用方式与内容会有变化,但三维倡导的策略和方法,能够陪伴管理学习主体。其中不忘初心和人生的"大事"和追寻自己的使命,是管理者学习中最根本的!它强调的是做人,即修炼德行的必要性。对于管理者学习来说,不仅要有培养道德感召力和致良知的意识,还要有合理的思维方法。求知、践知和管理过程是相辅相成的。在求知中求真,在践行中演化。知识、工具和方法,要服务于求道的目的。三维管理学习能够帮助管理者体会"为学日益,为道日损"的精髓。在此基础上,做更有效的管理者!

第 3 章
学习战略洞察力

坐在指挥台上,如果什么也看不见,就不能叫领导。坐在指挥台上,只看见地平线上已经出现的大量的普遍的东西,那是平平常常的,也不能算领导。只有当还没有出现大量的明显的东西的时候,当桅杆顶刚刚露出的时候,就能看出这是要发展成为大量的普遍的东西,并能掌握住它,这才叫领导(战略)。

——毛泽东

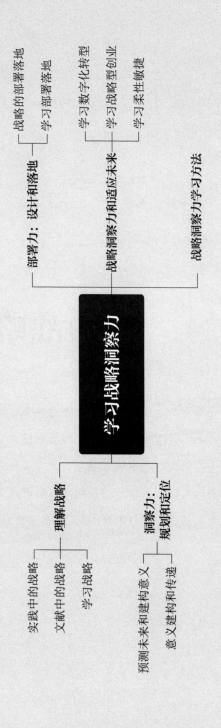

在这一章，我们研究管理者"三力"中的战略洞察力。战略是综合性概念：它既有认知和预测面，也有部署和行动面。在企业组织里，高层管理者和中层管理者以及基层员工需要有战略共识，才能实现战略知和行的合一，取得成果。相对而言，高管的战略学习，应更多地关注规划和定位；中层管理者和基层管理者学习战略，需要留意部署和落地。战略本身就是三维的，即有信念、要行动和会分析。在获得战略洞察力的过程中，管理者既要了解战略的知识面，也要把握战略的行动面，还要学习和探索面向未来的愿景面。通过三维学习方法，管理者能够把握好战略多维度的内涵，并做到战略落地，推动组织成功。

3.1　理解战略

3.1.1　实践中的战略

近年来，汇川技术公司（以下简称"汇川"）的发展速度很快。公司在行业里的地位与日俱增。作者和公司董事长朱兴明在交流和沟通的时候，他说过的一句话让作者记忆犹新。他说：对于我们汇川而言，战略就是做到规划 - 部署和落地的一体化。作为企业一把手和创始人，朱兴明一直将主要精力和时间花在和客户交往和沟通上。正是和客户的密切接触，让他能够持续地获得关于汇川经营方向、战略定位和部署落地的营养与灵感。有了从客户需求出发的"初心"和"立场"，朱兴明在公司技术方向、产品定义、卡位定位、竞争方式、市场布局等方面有了思考的方向，并有一定的前瞻性。2003 年创业以来，汇川的战略有超前和预测性；策略则是步步为营，由局部演化到全面整体。同时，公司具有柔性学习适应力，对形势中的不确定性和机遇把握得较为精准。汇川的战略管理特点鲜明，善于将战略的使命初心（信念）、分析研判（知识）、行动迭代（行动）三个维度进行有机和动态的统筹整合。

除此以外，朱兴明对企业在不同阶段的战略重点也有清晰的认识。在他看来，评价企业的重点在于：短期看指标，中期看能力，长期看格局。"短期看指标"，就是财务指标好不好，如人均效率、现金流、人均产值等。"中期看能力"，就是看技术投入和管理能力。"长期看格局"。朱兴明认为格局是对所从事领域（事物）的认知程度，如思考的广度和深度。格局也是对结果的判断，是对基于认知并采取行动后所带来的结果判断。

在朱兴明的带领下，汇川在短短 19 年的时间里已经成为国内工控行业的领先企业，并在几个细分领域做到了世界领先。公司始终坚守"将西方先进的工业生产模式与中国偏好的低成本解决方案相结合，形成一种集灵巧性与低成本为一体的模块化"的指导原则，结合不同阶段不同客户类型和需求，研究开发和生产交付价廉物美的产品，满足客户在"多快好省"方面的需求。公司的产品和服务，既有通用和模块化的集成，又有面向特定行业特殊需求的定制，还有其他通过研发持续进行创新的新的产品。比如在电梯行业，汇川推出具有上述"三位一体"的产品和服务以后，就快速占领该细分市场，并取得垄断性的市场份额，成为行业龙头企业。

华为技术有限公司（以下简称"华为"）在其发展的不同阶段，也有不同的策略和打法。纵观华为30多年的发展历史，其价值信念和初心使命是相对稳定的。公司商业模式、竞争方式、产品设计和落地项目随着发展阶段的不同而不同。华为一直以来都坚持"以客户为中心，以奋斗者为本，长期坚持艰苦奋斗"的核心价值观。但在不同时期公司遇到不同矛盾和外部压力的时候，公司能采取不同措施来应对。以2018年美国政府打压华为这一历史事件为例，华为在十几年前就开始储备"海思"备胎。更重要的是，公司需要在业务布局和海外布局上迅速进行调整。2020年，深圳市智信新信息技术有限公司和华为投资控股有限公司签署了收购协议，完成了对荣耀品牌相关业务资产的全面收购。华为出售荣耀业务是为了"断臂求生"。因为美国打压，华为海外业务受到重创。2021年10月，华为发布了财报，公司前三季度收入下滑。2021年10月29日，华为在东莞松山湖园区举行"军团"组建成立大会。华为组建了煤矿"军团"、智慧公路"军团"、海关和港口"军团"、智能光伏"军团"和数据中心能源"军团"。在华为发展的关键时期，公司组建"军团"突围，是为了有质量地活下去。任正非在"壮行"会议上说："军团"就是把基础研究的科学家、技术专家、产品专家、工程专家、销售专家、交付与服务专家全都汇聚在一个部门，缩短产品进步的周期。通过"军团"作战，打破现有组织边界，快速集结资源，穿插作战，提升效率，做深做透一个领域，对商业成功负责，为公司"多产粮食"。

上述事例，从企业家认知和企业实践的角度刻画了现实中战略的特性：既是整体性的，又是动态性的；既是抽象的，又是具体的；既要随着形势的变化进行调整，如策略和打法，又要有基本面，保持相对稳定，如魂魄和使命。在领会战略使命（信念）的时候，企业家和他的团队，大多用感悟、认同或参悟的方式，同时也要通过阶段性的复盘和盘整；在把握策略的时候，都是采用训战结合或知行合一的方法。当企业和它的成员将体悟认同和训战结合进行联结与深化，就能够较好地获得战略洞察力，保证企业运营不偏航。实际上，管理者需要把握和学习战略中的变与不变，以及它们之间的辩证关系。有了系统集成和辩证统一，管理者就能够实事求是地判断企业面临的矛盾，思考行动过程中的指导原则，集中优势和聚焦在关键事务上，做到"极高明而道中庸"，见图3-1。

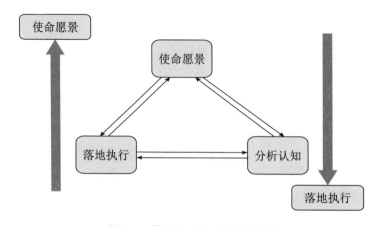

图 3-1　战略知 - 信 - 行三维模型

3.1.2　文献中的战略

战略管理是管理者学习非常重要的内容。这一领域的文献和知识积累很丰厚。在理解和学习战略的时候，管理者可以从外部环境学派、内部能力学派和近年来涌现的管理实践所带来的敏捷战略学派三大角度来加以关注。有学者秉持由外到内的视角，来分析组织和环境的关系。外部或环境视角以波特的市场定位、竞争理论为代表，认为战略的本质在于"选择、转换和与众不同"。企业组织对外部因素做分析、判断，选择合适的行动来明确组织发展方向。图什曼等人以高科技企业为案例，提出一致性原理，即战略和组织的匹配和一致性，是组织获得能力的条件。图什曼等人的研究也是从外到内的视角展开的。随着时间的推移、技术的演化,企业的战略实践开始发生转向。20世纪90年代,有学者提出由内到外的视角,分析组织自身独特和稀缺能力是其获得竞争优势的主要因素。这一流派的代表人物是杰·巴尼。他强调企业资源的异质性,认为竞争优势的来源在于组织的动态能力,具有内生性特点。近年来,随着移动互联网、大数据、区块链等技术的兴起,企业组织经营和管理模式又较过去几个阶段有所不同。和过去青睐规模、控制等企业成功比,现在的企业更看重速度、赋能和敏捷。从谷歌、苹果、腾讯到今日头条,互联网企业的估值远远超过传统工业企业的估值。在我国,近年来的数字化和企业转型更是风起云涌,使得我们不得不思考新形势下新战略内涵。哈佛商学院克里斯坦森等人提供了敏捷性战略方面的见解。在学习战略类文献和案例的时候,主要方法有课堂学习、案例学习、对标学习和讨论学习。这些"编码知识"的价值在于帮助管理学习者辨识、洞察和分析自己企业所处的阶段、行业和场景。以人为镜,以史为鉴并少走弯路。如图3-2所示。

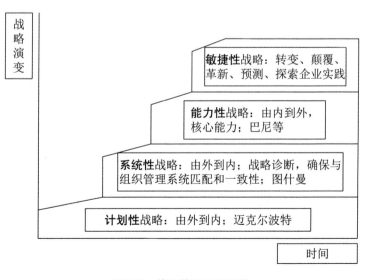

图3-2 战略管理文献回顾

3.1.3　学习战略

战略是什么？在三维管理学习看来，它既有企业的初心和满足客户需求的价值导向，如使命愿景价值观；又有战略部署的过程，如战略解码、结构安排、流程拉通和招兵买马等环节；还有项目驱动的日常活动，如谁来做、在哪里做以及怎么做等。对于管理者来说，学习多维度地理解和把握战略内容和形式，并且理解三者之间的关系，对管理者带好队伍、完成任务和取得绩效是尤为重要的。图3-3呈现了战略知-信-行三维度和关系。

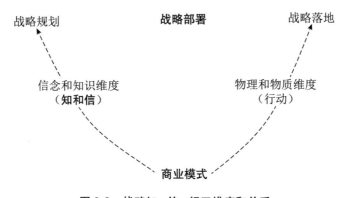

图3-3　战略知-信-行三维度和关系

战略的三维性具体体现为：第一，密切关注外部环境，尤其是不同阶段的客户需求。这里要注意生态、竞争、产业、技术和政策等外部因素的变化对企业关键经营活动的影响，即"战略计划或规划"维度。第二，企业基于外部和利益相关方的动态变化和需求特征，进行合理定位和布局。这里非常重要的是企业要有连续的和可复制的关键业务活动，并以此来占领客户心智，即"定位和选择不做什么"维度。第三，战略的落地执行。这里要有组织执行力才能做好落地。企业人力资源管理过程中的招兵买马、激励考核和结构优化等属于这个范畴。上述三个方面，即规划、定位和执行并不是一劳永逸的。在企业面临不确定性的、变化的、竞争的动态环境中，企业还需要进行持续学习和适应，才能持续地重复规划、定位和执行的过程，将企业组织从一个台阶带上另一个台阶。

3.2 洞察力：规划和定位

图 2-3 对企业组织中三个层级经理人应具有的三大能力和各自的侧重做了区分。就战略洞察力来说，管理者更需要在战略规划和定位，以及规定什么不做等大问题上拿主意、指方向和创意义。

3.2.1 预测未来和建构意义

前面提到，管理者的战略洞察力体现为"预测未来和建构意义"。这里以华为创始人任正非为例。早在十几年前，他就预见到华为终会进入"无人区"，并预备了"海思"作为备胎和抵御风险的举措。除此以外，他坚持公司要在研发上进行持续的、稳定的和高比例的投入，不仅在应用领域投入，还在基础领域投入。公司成立以来，坚持每年将 10% 以上的销售收入投入研发。以 2018 年为例，华为研发费用高达 1 015 亿元，占销售收入的 14.1%，同比增长 13.2%。据统计，近 10 年华为投入研发的费用累计达到 4 850 亿元。提前布局、坚持战略主航道、持续的研发投入，帮助华为在激烈的商业竞争海洋中抓住大致正确的方向，没有偏航和迷失方向。

组织大方向明确以后，任正非非常关注组织和干部问题。但他没有就事论事，而是从组织、系统、演化等高维度，来系统把握干部管理和队伍建设问题。任正非坚持认为企业组织是熵增系统，终会面临死亡。这种向死而生的哲学思维，促使华为不断通过变革、管理、培训、轮岗、淘汰等系统性的管理措施来减缓组织死亡的速度。这个过程就是不断给员工，尤其是华为干部设立高目标的过程。通过高目标、高绩效、高收入"三高"管理，干部和组织共创一个又一个"增加土地肥力、多收庄稼粮食"的市场神话。

明确方向和设立目标，并取得阶段性组织物质成功以后，任正非还非常善于"建构意义"和"塑造文化"。华为成立30多年以来，任正非通过写文章、演讲、会议和编撰成书的方式，持续地和华为干部员工进行沟通，建构组织意义、传递组织价值和塑造变革组织文化。任正非围绕组织发展核心主题，如竞争地位、主要挑战和企业愿景三大主题，持续地、密集地和公开地发表自己的看法和说法，以便促进企业内部能够达成战略共识。1994—2000年，公司销售规模200多亿元。在这一阶段，任正非明确指出华为的竞争地位和主要挑战是在国内即本土范围；企业愿景是"帮助客户实现梦想"。2001—2010年，公司销售规模达到1 880亿元。在这一阶段，任正非明确提出公司的竞争地位和主要挑战是在国际市场，并提出国际国内并举的方针。企业愿景调整成为"丰富人们的沟通和生活"。2011—2018年这一阶段，华为的销售规模已经高达7 000多亿元，任正非又提出公司竞争地位必须是"引领行业"，所面临的主要挑战调整为"维持领先优势，抢占未来机会"，企业愿景则升级为"构建万物互联的智能世界"。

再看一个事例。在经营管理中成绩卓著的宁高宁也是一个战略洞察力很强的"掌门人"。他先后在几家世界500强公司担任"一把手"，并将所掌门的公司从一个辉煌带上另一个辉煌。在指明方向和战略规划方面，宁高宁明确提出战略思维应该是前瞻性的。企业经营者对行业、技术、政策、创新必须有深刻和系统的认识，并能够主动调整。他还特别强调战略学习要注意一切从客户需求出发，来挖掘需求和满足需求。战略学习和战略思维，就是要善于突破唯我独尊的思维。

在进行战略部署的时候，宁高宁尤其强调行业的积累和深根。必须探索出适应需求的商业模式，并做到可复制、可延展，形成行业地位，而不是随意扩张和无序经营。这个和鲁梅尔特在其专著《好战略，坏战略》一书中所提供的战略学习方法是类似的。管理者首先要洞察环境并了解公司挑战和问题的结构，做到实事求是。接着要明确分析和解决目前问题和应对挑战的整体指导原则。第三步是进行关键活动的配置和资源分配。这样就能了解"重要事项"和"可做事项"之间的关系，并能够对待办事项进行轻重缓急的排序。以上三步其实也是知 - 信 - 行的统一、整合和系统集成。当管理者按照战略知 - 信 - 行三部曲进行战略规划，并系统稳步推进，假以时日，企业就能够形成独特的组织能力，并构筑竞争壁垒获得竞争优势，得以可持续发展。

3.2.2 意义建构和传递

卡尔维克认为，"如果没有叙事能力和抽象能力，管理者无法将发生的形势或事件转化为管理的情势"。实际上，在企业发展不同阶段，企业管理者和经营者既要关注资源配置、产品设计和销售、渠道建立、人马到位等属于"实力类"的战略要点，还要注意价值、话语、仪式等意义类价值要点。管理者要始终主动地、有节奏地去定义组织面临的主要挑战和竞争地位；预测未来；建构文化和营造氛围。管理者的意义建构、意义传播、意义抵达能够帮助员工理解和认同组织价值，找到自己工作和奋斗的意义。管理者将组织管理、战略管理的物质面、制度面和意义面进行有机整合以后，企业上下才能达成战略共识，做到力出一孔和统一行动。

在战略洞察力的学习过程中，尤其是在意义建构的时候，还需要有意识地在组织层面进行"致良知"，即将组织本来就应该有的初心和使命与日常工作、中长期目标进行挂钩。组织良知或使命也是自然就有的，但如果主体，尤其是管理者没有有意识地、持续的重视"致良知"的学习过程，它就容易被遮蔽、被遗忘，或者被妄念、情绪、冲动、虚荣等左右。它看上去那么简单，但主体要有真正的认同和践行，则是需要经常去觉察、分辨和习得的。

网飞（NETFLIX）掌门人说："经过彻底思考，我得出一个结论。公司的存在，不是为了实现自己的个人抱负，而是为了守护员工的生活，给他们带来幸福的人生。这才是公司的使命，这才是企业经营的意义。悟到这一点，下定这个决心时，我如释重负，犹如拨云见日一般，心中透亮了起来。于是，我心思一转，确定了公司的使命：追求员工物质和精神两方面的幸福。"这就是良知所带来的组织层面"虚灵明觉"！图3-4为学习战略洞察力示意图。

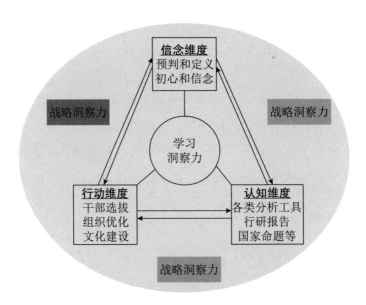

图3-4　学习战略洞察力示意图

3.3 部署力：设计和落地

3.3.1 战略的部署落地

3.1 节阐述了战略的多维性，即计划规划、定位竞争、发展演化和初心愿景四个维度。其中定位竞争是战略中的硬骨头，也是较为核心的：确立客户需求和分类以后，通过产品、渠道、品牌等策略来满足客户需求，为企业创造价值。这是奠定企业竞争优势和维持竞争地位的"有生力量"。在竞争过程中，为了帮助业务部门在市场"多打粮食"，职能部门则需要通过财务管理、组织管理、人员管理、质量管理、文化管理等方面的配合，来增加组织土壤的肥力和夯实组织执行力。这里以人力资源职能部门的管理为例，来阐述如何以战略性眼光和视角来部署 HRM 职能工作并和业务部门打好配合，部署战略落地。

2020 年 3 月，本书作者采访了国内某大型网络公司，以下简称 DNN 公司的人力资源部门负责人、人力资源业务伙伴、专家中心负责人和共享服务中心的负责人，还有该公司 IT 部门负责人和业务部门负责人等。通过采访、资料整理和案例撰写，本书作者发现 DNN 公司 HRM 属于典型的战略人力资源管理。

回顾公司人力资源管理职能的演化，人力资源总经理 W 先生介绍说：

在 1.0 阶段，HRM 是管控思维。在公司创立初期，业务较为单一，规模较小，人力资源管理的职能主要就是绩效考核和薪酬管理。那个时候，HRM 强调公司对员工的管控。但隐隐约约的，我们开始意识到人力资源职能应该是为业务服务的。

在2.0阶段，HRM是服务思维。随着公司业务逐渐多元化和规模逐渐扩大，尤其是区域公司的成立，原有的管控模式很难释放基层活力。这个时候，公司决策层决定采用分权管理模式，放权让利激发活力。2012年，DNN的产品线按照互联网和行业两个维度划分，并成立了多家互联网子公司和分公司。分公司大多是创业性质的，做的也是增量业务。很显然，这种情况下，在员工管理方面，必须给予更多自主权。传统管控已经无法继续和新创立分公司"共舞"。形势的发展，倒逼人力资源管理部门淡化其管控属性，而向服务、引导和支持方向转变。在这个阶段，人力资源管理职能的范围扩大，增加了干部管理、企业文化建设、股权激励等职能。

在3.0阶段，HRM是战略导向和为员工赋能的思维。2016年以后，根据竞争情况和业务发展情况，集团明确提出公司发展战略为双轮驱动，即技术和管理并重。HRM成为业务发展的驱动力量，来引领和牵引组织发展，为员工赋能。2018年，公司强化HRBP在业务中的重要作用，同时强调COE（人力资源专业知识中心）对干部队伍和文化建设的战略支撑。

在采访该公司人力资源管理专家中心的负责人时，该负责人Y女士介绍了她亲自参与开发，深受业务部门欢迎的管理工具：GOT。

在DNN，目前GOT这一管理工具深受欢迎，也为HRM部门赢得尊重。该工具目前已经成为公司战略落地、绩效管理和绩效考核的"尚方宝剑"。GOT是goals、objectives、tasks三个英文单词首写字母的合成，分别对应的是战略目标、部门目标和任务目标。

和其他公司类似，DNN先后尝试了很多种不同的绩效管理和考核工具，如强制分布、OKR（目标与关键成果法）、平衡计分卡等，但效果并不理想，主要原因是业务部门对人力资源部门推行的管理工具不买账。面对窘境，人力资源部门决定和业务部门共创管理工具。人力资源专家中心的干部主动出击，和技术部门同事进行沟通，又向"人力云"业务部门的干部虚心请教。经过多次开会和群策群力，该公司的人力资源部门、业务部门和IT部门达成共识，终于打造出一套适合本公司实际情况的绩效管理和考核系统。2018年，该公司终于建立了GOT这一绩效管理和考核的"宝典"。事实表明，这一工具对公司的战略解码、绩效考核、员工发展都提供了有力的支撑。目前，不仅公司内部使用这套管理工具，公司客户也青睐GOT工具。图3-5为该公司GOT体系。

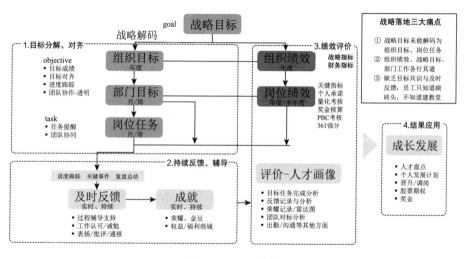

图 3-5　GOT 体系

如图3-5所示，GOT所对应的goal战略目标、objective部门目标和task任务目标，是一个由宏观到微观的过程：从组织层面的战略和方向，到部门的绩效目标，再到个人或基层的岗位任务。这是一个不同层面目标分解、传递和沟通的过程。人力资源管理部门，在其中发挥"自由人"角色，全程参与和指导战略分解的过程、绩效考核的辅导和滚动。它就像连接器一样，将组织目标、团队绩效和个人岗位成长的三条线进行连接、调节。借助这一工具，公司能够做到上下同欲，统一行动，有效实现经营目标。

通过和数字化技术结合，GOT、任职资格体系都成为公司进行战略部署和落地的方法论，极大地促进了业务发展和组织发展。

3.3.2 学习部署落地

对于中层管理者来说，要注意在同一个层面出现的问题是很难在同一层面找到解决问题的方案的，必须到更高的层面才能找到解决问题的方案。这就意味着管理者在进行战略部署和落地的时候，要注意区分、排序和抓大放小。

如何做到呢？在中层管理者执行战略和获得战略洞察力的过程中，要关注的要素也是三维：岗位职责或工作信念、落地实行和能力和知识的部署迁移，如图3-6所示。

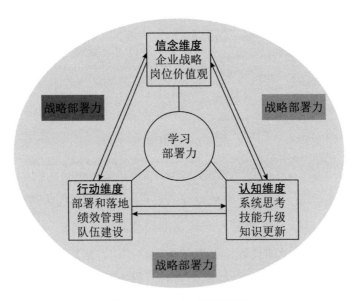

图3-6　学习战略部署落地

在企业组织场景中，中层管理者战略洞察力表现为战略部署和落地。

首先是要重视企业战略和岗位价值观。中层管理者要训练自己"抬头看路"的习惯,要有意识地、主动地学习和理解公司战略,并将其和自身岗位职责要求和工作价值观挂钩。在企业组织中,不同角色的职责和工作价值观既有相同的地方,又有不同的地方。比如人力资源经理岗位职责的重点是要通过领会战略要求,在选用预留汰等环节的管理机制提升员工能力和员工动力,并主动和其他制度配套,来帮助企业进行战略落地。在信念层面,人力资源经理要牢记其价值在于夯实组织土壤的肥力和优化组织氛围。对于业务经理而言,其岗位价值观更多地体现为领会企业战略。同时在业务拓展、产品销售、应对竞争等方面为公司提高销售收入,即多为企业"打粮食"。在企业组织中,不同管理者角色创造价值和企业创造价值的过程是相辅相成和互相成全的。这就意味着管理者需要主动关注企业层面的战略、价值链、价值创造过程,同时要将自身岗位的任务和贡献主动和组织层面的战略对齐,才能有利于企业实现力出一孔,并获得集体战斗力。进入系统管理阶段的企业,更是要善于采用管理工具,如平衡计分卡等来进行战略解码,统一企业组织的沟通语言,达成战略共识,顺利进行战略部署和落地。

其次是落地执行。基于岗位职责和工作重心,管理者需要梳理自己的时间分配方式。对于从基层管理岗位升职到中层管理岗位的人而言,及时调整自身的时间分配方式是非常关键的!因为他们要改变原先岗位所形成的花费时间习惯,要开始做新岗位要求所规定的事情,并放手不再做原先熟悉的和感觉胜任的事情。面对更大范围但陌生的事情,则要学习开始做。比如在基层岗位,可能要花费80%以上的时间做技术性的、事务性的事情,20%的时间做和他人协同沟通的事情。但到了新的中层岗位,管理者必须将多数时间用于关系协调、向上沟通、带领团队、辅导员工等事情上。相应地,用于做纯粹技术性的时间要相应减少,而用于关注理解和联结战略的事情要开始学习做。只有这样,才能做到目标明确和有效执行。

最后是要注意时时更新自己的知识结构,再部署和刷新自己的能力。

这里的顺序是很重要的！从个人角度看，一般的思考顺序是：我有什么能力，我有多少知识储备，我就做什么事情。这种排序方式，对于企业组织中的技术序列或操作序列员工是适合的。因为组织需要其专业化。但是，对于管理序列的员工，即管理者来说这样的排序需要优化。管理者首先要有大局观和系统观，即首先必须考虑组织战略的要求，或者第一优先考虑组织目标和自身的岗位责任。在这样的信念和价值观的指导下，去梳理、盘活、刷新、再部署或者迁移自身的技能和知识，才能将管理工作做好。因为管理者的职责是"领会理解战略，让人做事并出成果"。他需要对目标负责、对部门绩效负责以及对别人的行为负责。

以人力资源管理总监这一岗位为例。他上岗以后，首先要关注的就是其岗位价值观的变化，即要注意战略落地和搭建各种关系。其次，他需要根据公司年度经营计划和重点工作，筹划和不同利益相关方如上司、业务主管以及员工的沟通时间；同时也要带好团队；还要了解对手的情况。最后，基于方向确立和时间分配方式，再来发挥能力和合理运用专业知识。比如建立渠道来协同部门间联结，促进信息和想法在各团队之间自由流动；建立目标和标准，帮助团队成员了解自己的职责和与不同利益相关方的对接方式；拉通价值链，建立业务链条和组织联通的互动互构以及同频共振等。管理者通过三维学习的方法，能够不断地在知 - 信 - 行、行 - 知 - 信、信 - 知 - 行三点之间进行联结和拉通，才能帮助自己达到认识问题的能力和解决问题的能力持续提升的目的。

这两节分别从战略的规划计划和部署落地两个方面，对战略进行了阐述。不同管理者，对战略的关注重点有所不同。这就使得其学习战略的内容和方法也有所不同。管理者更多的是通过"以信导行""以行验信"和"知行合一"的学习方式来预测未来，指明方向和设立目标。同时需要明确和定义组织的文化与意义，主要方法是以行验信和致良知。中层管理者，需要通过明确和理解战略、习得岗位价值观、合理安排时间和进行技能再组合来加以学习战略和执行战略,主要学习方法有"以知笃信",如设立制度、创立机制;还有"以信择信",即选择抓大放小,聚焦于重要和重点事务等。

上述的分解和分工是手段,不是目的。作为企业或组织整体,战略的规划、部署和落地要做到进行一体化和整合合成,才能获得商业成功。在整合和联动的过程中,管理者又要注意知行合一的过程,借助制度、政策、项目等机制来进行获得整体思考。表 3-1 描述了不同层级在训练自身战略洞察力的时候要关注的学习内容、学习方法和效果。

表 3-1 战略洞察力和部署力

洞察和部署	攘外	安内	攘外安内一体化
重点	指方向 设目标 造意义	懂战略 会部署 扛指标	方向一致 目标清新 文化合适
方法	以信导行 以知笃信 知行合一	以信择行 以知笃信 以知践行	愿景使命驱动 配套制度设计 闭环迭代升级
成果	方向对 有组织 有干部 文化好	能落地 有绩效 可闭环 能复制	利润 品牌 可持续 社会责任

3.4 战略洞察力和适应未来

基于战略的未来性、创新性和动态性等特点,考察三维管理学习在其中的作用。面向未来和不确定性,所有的管理学习者都需要加以学会学习和适应环境,才能帮助企业进行创新和转型,迎接挑战,将企业组织带上可持续发展的轨道。

3.4.1 学习数字化转型

根据"十四五"规划,我国政府在经济发展领域明确了"新基建、上云用数赋智"的战略地位。政府使命,企业承载。近年来,企业组织在加快数字化发展和建设数字中国,以及数字产业化和产业数字化的浪潮中,扮演着重要角色。数字化和组织转型成为企业战略规划中的重要环节。

对企业组织而言,数字化意味着"要通过组合运用信息、计算和通信等技术,持续显著地改善甚至重构产品、服务、商业模式"。在这一过程中,运用数字技术改变或者改善企业价值创造的路径,提高组织的竞争力已经成为必选项。数字化下的企业经营和组织管理并没有太多的经验可以借鉴。唯一可以做的就是学习、组织学习和三维学习并建立学习型组织。

组织学习指的是企业组织以推动组织学习的技术为依托,根据环境的重大变化而形成即时反馈、即时调整、持续变化的知识应用和知识探索。这里的学习目的、方法和内容等都与环境有很强的交互性,强调敏捷和灵活。具体来说,以下几种学习方法对加速学习和转化学习效果有价值。

1. 利用式学习

学习主体对已知事物、模式、方法的利用和重构。这一方法和三维管理学习中的"以知践行"(见表1-1)类似。学习主体需要研判场景,运用设计思维,对企业已有的知识加以重构利用,或者借助新的技术来改进原有产品和市场策略,进而提升企业的利用能力,做到"老树开新枝"。利用式学习方法可用来帮助企业或组织提高效率、改进品质;它能够降低创新风险,维持企业稳步发展。比如企业在优化和夯实"存量业务"的时候,常常采用这种学习模式。以云南白药牙膏为例。该公司就是利用已有和所积累的独特资源与能力,去进行创新。从白药止血疗伤到牙出血,云南白药牙膏在原有的基础上进行创新，并通过实验，将白药牙膏的功能扩大，能够缓解牙龈出血等症状。

2. 探索式学习

学习主体通过主动积极寻求和获得新知识，并能够运用新的知识进行创新和变革。这一方法类似于三维管理学习中的"以信引行"方法。学习主体基于外部竞争需要，要突破自我，做"增量和创新业务"的时候，经常要用到这类方法。企业组织研判大致正确的战略方向以后，用小步快跑和快速迭代的方式，来进行学习和试验。2022年2月北京冬奥会上的国家跳台滑雪中心"雪如意"的设计引发好评如潮。设计团队是清华大学建筑学院。在访谈中，该院张利院长反复提到设计理念的重要性：文化性、可持续性、绿色等。通过信念的引导和坚守，借助"以信引行"的探索性学习，团队进行创作并取得突破性成果。当设计团队拿到跳台滑雪赛道的S形曲线要求的时候，他们先后比较了很多种"S"图案，最后定夺采用了中国传统吉祥饰物如意的形状。在建设过程中，设计团队和施工团队将跳台滑雪赛道S形的剖面形状，与顶部环形的公共空间和底部的圆形体育场进行衔接，使得"雪如意"的造型既立体又连贯，还富有动感，并和周围的中国长城浑然一体。在可持续发展的理念和绿色理念的指导下，团队在施工过程中，采用了模块化、单元化、预制装配式的建设理念，90%的建筑材料都是独立装配的。奥运会结束以后，该建筑还可以再利用和再循环。

3. 行动学习

以小组或团队学习的方式展开。学习小组围绕场景中的真实问题，通过质疑、讨论、设计行动方案以及知识和文献学习等方式，边干边学、边学边干。这个和三维管理学习中的"以行促知"和"以行验信"的方法类似。华为大学培训中的三大法宝之一就是行动学习，又称训战结合。初期公司是为5G、智慧城市、智慧煤矿等战略业务培养储备人才而采用的方法。

由于该方法成效显著，就逐渐扩展成帮助公司突破重点难点业务的重要抓手。项目以真实的任务团队为培训对象，由业务部门与华为大学共同设计方案并组织培训。团队集中学习 9 天并掌握必备的知识和经验后，带着任务书转入为期 6 个月的现场实战。实战结束后，再用 4 天时间复盘和反思总结，并得出一套模式或成熟打法，走向新岗位或新项目。训战结合的方式运营不复杂，能够帮助公司进行大范围的训练。同时，该方法还有利于拓展新业务，并能够应对激烈竞争带来的挑战。更重要的是，组织成员间以人为镜的案例分享、知识共享、团队共创、群策群力的过程，尤其是通过统一的学习流程、阶段重点和统一语义输入，有利于产出相对标准化的学习成果。这对于员工统一思想和统一行动大有价值，并因此推动组织目标的实现。

通过上述学习方法的组合，组织或者管理者能够较快地适应新的变化，并跟上数字化发展的节奏。通过学习，组织也能够同时选拔任用具备跨界素质和善于学习的管理者，为战略的部署和落地找到领导力强的操盘手。

3.4.2　学习战略型创业

战略的目的是帮助企业获得和维持竞争地位。创业的核心在于机会寻求和开发。两者都关注为客户创造价值、为利益相关者创造财富和为企业组织创建竞争壁垒。企业需要探索机会，也需要明确自身优势，并寻找创造新财富的机遇。近年来，随着"黑天鹅"和"灰犀牛"现象频发，战略型创业也成为获得战略洞察力的方法。

战略型创业既适合于创业公司，也适合于历史悠久和规模大的百年老店。对于创业公司，重要的是敢于突破和敢为天下先。对于百年老店，则在坚守初心的同时，寻求二次创业的时机，帮助组织寻求新的"蓝海"。

创业公司，正是因为富有企业家精神和"闯劲"才会出现。创业公司的战略学习路径，一般是通过"以行促知"的方式来进行的，即先有行动，后有模式。

小米科技有限责任公司（以下简称"小米"）开始创业的时候，就是采用"以行促知"的方式来获得战略洞察力。其创始人雷军先生看到手机市场竞争激烈，很难有机会"见缝插针"。他和团队就另辟蹊径，通过移动互联网的方式，培育发烧友和粉丝。形成圈子以后，则引导粉丝和公司共创，用口碑进行营销。逐渐地，并不懂硬件的小米能够用最少的资源，通过高周转率的方式来获得竞争优势。这样的"行动"和迭代，逐步形成小米手机的战略定位：极致、快速和口碑。在一段时间，利用令客户尖叫的"性价比"来形成规模和效益。

百年企业林肯电气，则用"以知践行"或者"以信择知"的方式来践行战略。该公司创立于1895年，至今已有120多年的历史。它是从事弧焊产品设计、开发和制造的跨国公司。公司的使命是用先进的技术，实现对员工、客户和股东的承诺。该公司经历百年风雨，但其对待员工的初心和良知百年未变。早在1914年，林肯电气就成立了职工顾问委员会，并囊括了不同部门和层次的员工代表。该职工顾问委员会的目的，是给员工提供较高待遇，通过员工的满意带来客户的满意。该委员会的运营和维持，几十年如一日。公司在跨越时空的经营管理过程中，不断补充相关的保护员工权益方面的管理制度，如1915年，提供集体保险。1923年，提出带薪休假的"先进"主张。1925年，开始试行职工持股。1934年，设立年度奖金制度。1958年，主张并实施持续雇佣计划。到了20世纪80年代，美国经济出现衰退。林肯电气的客户，如美国钢铁公司等关闭了大量工厂，导致林肯电气销售额下降高达42%。当地媒体对林肯电气冷嘲热讽。在如此艰难处境下，林肯电气采用减少员工工作时间的方法渡过难关。但公司坚持不裁员。1983年，公司平均年终奖达到27 000美元，远高于全美平均水平 18 400 美元。从该公司的发展历程看，对其身份和初心的坚守，是该公司战略的底色。尽管公司面临起伏不定的外部形势，但其创新的动作，有变化的成分，但更有不变的恒定和坚守。

总之，无论是初创企业，还是成熟企业；无论是企业处在初创期，还是处于成长期，学习和创业创新都是战略管理中不可或缺的内容与方法。企业管理者要根据实际需要竞争情况和发展阶段，来认知环境、学习适应，并找到解决问题的方法论。这种学习和适应能力，是目前企业中最为重要的能力！

3.4.3　学习柔性敏捷

近年来，柔性组织、水一样的组织、青色组织等成为业界感兴趣的话题。在作者看来，柔性组织的特点有：第一，柔性组织都有向光而生的生命追求。其成员相信学习的力量，并且将失败看作是学习的机会。"给我一点光，我就很灿烂"，柔性组织中的成员信奉未来并对未来充满乐观的态度。当新的模式从 0 到 1 试成以后，会迅速总结经验，并归纳一般模式加以复制并形成规模。第二，柔性组织成员的自驱动力强，自组织的方式也比较受欢迎。与此同时，这些成员并不排斥和正式组织的联结。他们对规则只要有认同，就会各尽其责，遵从规则要求，并配合以形成有序和秩序。在柔性组织中，组织成员的人格必须较为成熟，能够合理处理自由和约束的关系，并能够做到自律。当然，这样的组织也会倡导和营造开放、协同、彼此成就的组织文化和氛围。基于项目或阶段性目标，成员间会建立组合成不同的共同体，并以认同和愿景为驱动进行管理和赋能。在共同体或身份认同牵引下，成员间的沟通成本降低，对约定、规则有默契，组织效率也会提升。第三，因为秉持成长型思维和终身学习信念，组织成员对不确定性和风险的恐惧心理会降低，并能够在资源有限和时间紧迫等约束条件下，学习巧妇能为无米之炊。第四，柔性组织的目的很明确，就是通过各种灵活多变、系统整合的方法，来锻造组织的集体战斗力。企业组织尤其如此。柔性企业总是设法和生态系统、组织间、组织成员链接，形成"共同体"，并进行共生、共创和共舞。

小米也是柔性组织。它信奉的学习方法就是快速试错、快速迭代的以行促知。前面提到，这种学习模式成功帮助小米集聚第一批粉丝，参与 MIUI 系统的开发。在及时搜集到用户意见后，小米坚持每周发布一个 MIUI 系统开发测试版给手机发烧友，随后发烧友会帮忙测试并提出建议，小米再给予反馈，用"试错迭代"的互联网模式进行持续优化，并做出"感动人心"的产品。字节跳动也属于柔性组织。其组织层面也是将"快速试错，依靠快速迭代和将算法分发发挥到极致"。2012 年初，张一鸣开发了"内涵段子"和"搞笑囧图"两款 App，开始尝试 AI 算法推荐内容，在得到不错反馈后随即创立了今日头条。今日头条不仅收获了内涵段子的导流支持，还延续了其算法推荐打法，在很短的时间里，迅速成长为互联网内容新巨头。字节跳动还沿着这一路径，打造出抖音等现象级 App。字节跳动也被誉为"App 工厂"。

总之，战略多维度和动态性特点，是管理者必须把握和理解的。通过运用三维管理学习方法，管理者能够预测、洞察、理解、把握和落地组织战略，带好队伍，取得绩效。他们既需要通过"以信引行"的学习模式，借助认同、内化和角色自觉等方法，做到有正念和不忘初心；也需要"以知践行"，主要关注场景、具备设计思维和事上练，才能做到不空转；还需要在信念 - 认知 - 行动或者行动 - 信念 - 认知，或者认知 - 行动 - 信念三者之间进行持续的联结和拉通，做到不同阶段有不同版本的"三位一体"，才能切实有效地提升自身的辨别力、洞察力和行动力。

3.5 战略洞察力学习方法

总体来说，在获得战略洞察力的过程中，管理者能够借助三维学习方法，帮助自己明确方向、找到知行合拍的抓手并获得定力。

第一，用"以信引行"的方法，帮助自己做到更聚焦和专注。有了战略意识和战略站位，管理者的注意力使用会更有的放矢。赫伯特西蒙说：注意力，对于管理者而言特别重要：不仅管理者地位特殊，更是因为这种资源具有向外联动、倍增的扩张性等特点。有的时候也会引发很多风险。企业负责人要时刻明白和关注本企业的战略目标、发展方向和运作目的。

第二，采用"以知践行"的方法，指导自己站在他人的肩膀上，少走弯路。从认识论的角度看，战略已有的知识体系、不同角度的研判、分析工具库等有助于管理学习主体广泛和系统地学习、分类和融会贯通。这无疑能够帮助学习主体做到理论联系实际，更精准地行动和落地。

第三，运用"以行促知"的方法，对经验加以总结，形成模式，并加以复制。总结是管理者很重要的功夫，也是通过量变实现质变的方法。在科尔布的学习循环图中，可以看到管理者学习的顺序，往往是行动先行、反思总结跟上，然后是获得新知，最后是采取新行动。

第四，不同发展阶段、不同岗位的管理者，要注意战略洞察力学习的不同内容、方法和节奏。这在前文已有详细描述和案例介绍，这里不再赘言。

第五，在面向未来的战略学习过程中，大家都是在一条起跑线上，开放的心态、主动的学习、积极的实验和试错，是管理者必须关注的。在企业组织中，要始终保持企业的"年轻态"，因为年轻意味着未来和活力。

总之，管理者建立和夯实自身的战略洞察力，既要做到重视经验、盘点学习和知行合一，又要牢记使命、坚定立场和聚焦专注，还要注意三维互相奔赴、拉通循环和动态平衡。这样的学习过程无疑是有利于管理者能够研判、制订和领会战略，也能部署、整合资源落地战略。当管理者总是能够把握方向、注意力集中、动员和团结员工做应该做的事情的时候，他的管理就是卓有成效的。

第 4 章
体验关系共情力

共情是人生态度；共情需要格外努力；共情需要内心友善和强大。

——纳德拉，微软 CEO

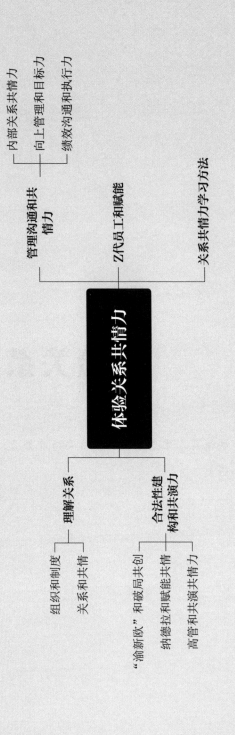

第 2 章指出管理者为了有效带领队伍和解决问题，需要开发和培养三大关键能力，即战略洞察力、关系共情力和自我反思力。第 3 章介绍了战略洞察力在知 - 信 - 行三个维度的内涵，以及管理者在不同发展阶段获得战略洞察力的方法。本章聚焦于管理者有效工作所应具备的关系共情力。关系共情力是指管理者一方面要通过职务权力和正式的组织制度来实施影响力；另一方面还要以自身的个性、共情、韧劲和勇气担当等来建立和不同利益相关方的共舞共创生态关系，以便推动组织目标的实现。本章围绕高层管理者和中层管理者建设共情力的过程，考察他们在和不同利益群体互动交往的时候，如何通过三维管理学习来获得不同群体的信任。从"认知维度"看关系共情力，管理者要学习知己知彼，对自己所面向的不同群体有了解和判断；从"信念维度"看关系共情力，意味着管理者需要体会和反思与不同相关方的关系本质，比如是单边控制还是交互学习？是一厢情愿还是共情共舞？是更大范围的公共利益还是以自我为中心的利益？从"行动维度"看，关系共情力需要在"事上练"，如践行沟通方法、掌握互动节奏、考量传递的内容等。

4.1　理解关系

4.1.1　组织和制度

巴纳德、马奇等人认为组织是组织激励和员工贡献的动态均衡体系。在组织激励和员工贡献之间，要有管理协调和沟通。关键的管理措施有制度、结构、流程和管理者的关系共情力与领导力。管理水平高的公司，都善于招聘和任用合适的管理者，设计合理的组织结构，采用恰当的人力资源管理制度和营造良好的文化氛围来协调组织目标和员工目标，使全体成员做到力出一孔并获得组织绩效。其中管理者能力，如高层管理者和环境的共创力，中层管理者和组织内部不同群体的共情力，以及所有管理者面向新生代员工的赋能力，都是组织创造价值必不可少的能力来源。这些"美美与共"的共演力、共舞力、共创力，能够引导和增强员工对组织感情上的依赖，帮助和促进员工积极贡献自己的能力与精力，为组织目标服务。与此同时，也能促进组织外部利益相关方对组织的认同和信任，共同营造和维护生态，实现可持续发展！

管理者的共情力、共舞力和意义建构力必须和人力资源管理措施配套使用，才能更好地发挥作用。在企业组织中，人力资源管理是组织系统中的子系统。它通过制度设计、干部管理、氛围营造等措施来影响员工和员工行为态度与绩效。研究表明，高绩效人力资源管理实践和管理者共情力和共舞力有机结合以后，才能在不同场景中发挥影响力和执行力。管理者根据不同群体的特征和表现，在沟通交往和关系建构的时候，要注意定位、节奏和风格，以便促进和不同相关方之间建立共同体。

以组织内部的关系建设为例。组织通过管理者给员工传递各种信号，提供各种"诱因",帮助员工感知到组织愿意对其进行长期投资。管理者在日常管理环节,借助人力资源管理制度如人岗匹配、目标设定、绩效管理、培训发展,采用双向共情沟通、明确指令教导、公正绩效评估等方法,引导员工的组织公民行为和超角色行为,为实现组织目标作出贡献。

再以当下数字化时代的新生代员工赋能和管理为例。新生代员工指的是"90后""00后"员工。他们大多受过较好的教育,是互联网"原住民",对待权威的态度更趋于平等,因此他们对于"顶头上司"的领导力要求更高。组织一方面要注意在结构设计、氛围营造方面符合新生代员工的需求特征;另一方面要设计更为参与性的人力资源管理实践。更重要的是,管理者要在赋能、主体间平等沟通和共情共创方面做好能力升级。教练、赋能、沟通、共创、共情成为管理者培养共情力过程中关注的内容。为了引起新生代员工对企业组织的认同和忠诚,管理者既要注意平等氛围的营造,也要注意绩效管理过程和激励过程的公平公正。管理者还需要借助数字化技术,将公司信息翻译转化为合适的类型,才能直接和员工动力产生链接。在数字化时代和"新经济"时代,关系共情力对于协调员工行为至关重要!它能够有效促进员工和组织之间建立长期与可持续的共生共创共担共享的合作关系。

除此以外,数字化所引发的变化还体现在组织和环境关系的变化上。数字化时代的组织变得越来越"柔软"。它和环境之间的边界也是越来越薄。比如企业组织就越来越多地成为平台。在这个平台上,员工和组织、外部利益相关方和组织、组织和组织之间的协同,不仅需要管理者能够共情,还要能够共创和共演化,和生态中的其他利益相关方共同营造面向未来的能力。通过三维学习,管理者能够变得更为敏捷,适应环境对组织的要求,见图1-3。组织中的管理者关系共情力强,参与生态共创的境界高,理解自身和他者之间的共演化原理,则能更快地建立组织和环境、组织内人与人之间的"新连接"。通过拓宽自己的认知、把握人性的本质、洞悉不同利益主体的情绪情感，寻求理解体认和共鸣。基于这样的定位，组织也就变得更为敏捷和灵活，并能够探索出可持续发展的路径！图4-1描述了组织中管理者的关系共情力。

图4-1　三大关系和共情共创

4.1.2　关系和共情

1. 共情力的内涵

从狭义的角度看，关系就是人际关系。在组织场景下，关系就是人和人之间的交际往来，是组织成员运用特定的方式和工具来传递信息、交流思想，以便达到沟通和协同目的的社会性活动。从广义尤其是社会资本的角度看，关系是管理主体，如中高层管理者，围绕组织目标和战略方向，在组织内外部协调资源、组织和个人的力量来整合合成，推动事情的进展、问题的解决和实现既定目标的一系列社会性活动。从更为宏观的范畴，尤其是组织理论和三维管理学习的角度看，关系指的是管理者要交往、协同、合作、博弈的人、事和资源。这里既有面向组织内部的关系和资源，如部门内外；也有面向外部的生态链接和关系建构。

在这里，"共情力、共演化和共创造"是可以交叉使用的，这些都是管理者和其他主体互动时所需要具备的意识与能力。共情力（empathy）又被称为同理心，指理解他人信念、意图及情绪和情感并感同身受的能力。共情可以划分为认知共情和情感共情两大类。认知共情，是对他人情绪的识别和分析，从而理解他人的思维和感受。这是一种能站在他人角度思考和看待问题的能力。情感共情，是对他人的情绪状态感同身受，并作出情感反应的能力。当管理者学习觉知他人处境，体会他人情绪和情感共鸣的时候，他或她就能够和不同主体建立有效的情感沟通。当他人能够感受到管理者善意、温和、开放和恰当反应的时候，共情共鸣就产生了。基于共情和共鸣，人与人之间就能够建立信任。基于信任，就容易建立"共同体"，如利益共同体、情感共同体和命运共同体等。

在组织，尤其是企业组织中，管理者的共情力或共创力，除了个人能力以外，还可以通过组织系统中的制度建设和氛围调节来进行传递、加强。以人力资源管理制度中的绩效管理和考核制度为例。在对知识型员工进行绩效考核的过程中，如果在事前、事中和事后三个环节都安排了双向沟通，员工会感到受尊重、知情和平等，他们对组织的认同也会提升。但是，如果考核过程只有事后通知，缺乏过程中的反馈、指导和告知的话，员工就会认为企业是暗箱操作，过程不透明、规则不清晰、结果不公平。他们会因为不知情、反馈稀疏、结果和过程不同意而厌恶工作。

总之，组织场景中的共情、共创需要管理者能力提升、管理制度优化双管齐下，才能取得有效成果。在当今数字化形势下，企业组织中的管理者尤其需要共情力，才能更好地和"合伙人"进行共创和共享，寻找到组织可持续发展的路径。图4-2为关系共情力双因素模型。

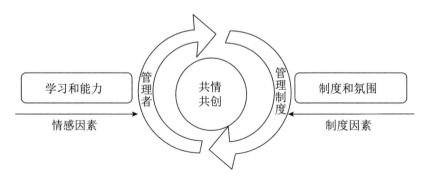

图 4-2　关系共情力双因素模型

2. 获得共情力的方法

首先，管理学习主体要深入思考所面临的各种"关系"，以及其背后的性质。管理学习主体尤其需要关注自己对于不同关系的深层假设，需要警惕自身对各种关系所持的妄念、偏见和自以为意的一厢情愿等心理。比如在建立客户关系的时候，其本质应该是合作共赢。作为高层管理者或者经营者，需要明确地将洞察、定义和满足客户需求作为组织使命与自己的使命。秉持客户关系中应有的信念以后，才能够发展出共情力和共创力。使命感和共情力，能够赋能管理者在面临困难、挑战和矛盾局面的时候，生长出能量和力量来包容、忍耐他者的无序或者混乱。与此同时，使命感和共情力还能提供韧劲与勇气，帮助管理者面向未来和寻求在更大空间里整合资源、创新拓展。当管理学习主体"看见"并相信看不见的关系中所蕴含的信念以后，他们往往更能有分寸地和不同客户进行沟通、博弈、谈判、合作，将双方关系推向高质量发展的轨道。

又比如在上下级关系中，管理者如果选择相信上下级关系的本质是互助互利和理解信任，并且能够将人际关系和组织目标进行关联，那么他们在和不同下属进行沟通、互动、联结的过程中，就能够较容易做到抓大放小，选择性忽略不符合良好关系目标的负面情绪和抱怨。扎根于关系背后的信念，管理者能够获得共情力和理解力，行为上会变得更为开放和包容，从而能够做到和不同类型的下属对话、互动和沟通，引发统一行动。图4-3为管理者共情力三角模型。

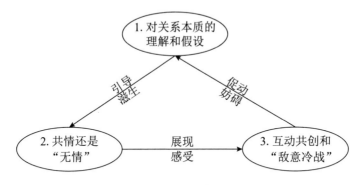

图4-3 管理者共情力三角模型

关系其实是"双刃剑"。比如当管理学习主体倾向于选择一种关系模式：和客户的交往是尔虞我诈或者我赢你输。这种考量和假设模式，会使得管理者的策略选择和互动方式不再是"共情"，而是"互撕"。双方关系就很容易陷入僵局。再比如在和下属建立关系的时候，尤其是和95后新员工建立关系的时候，有些"资深"管理者总是"经验性"的感觉这些下属是不成熟的，是以自我为中心的。基于这样的心智模式和深层假设，管理者对待新员工的态度就会是"单边控制型"，或者是大包大揽，或者是"疾恶如仇"；有的时候还会横眉冷对，甚至是责备批评。工作在这样的"无情"氛围中，新生代员工感受到的是职场"PUA"。不良的非共情的人际关系，也会导致新员工的高离职率。

其次，管理者学习获得共情力的过程中，还需要练就练达力。练达指的是管理者对人的多样性、人际关系的多样性、组织内外部不同利益相关方不同诉求多样性等方面的观察、认知和把握。这里还包括对人性丰富度和复杂度的理解。约翰·科特认为管理工作的两大特点是活动间的相互依存和关系的多样化（diversity）。管理者需要警觉自己对于多样化的心态。较为合力的心态是人类学家倡导的"各美其美，美人之美，美美与共"。

有了合理的心态以后，则需要在事上练。因为共情的过程犹如登山，山顶风景很美，但过程却很艰难，需要刻意练习。在练习和学习过程中，还要寻找抓手、发现路标和主动获得支持。比如周围同事个性各有不同，如果你是一个性格急躁、追求效率的管理者，就很容易将性格沉稳、青睐安全感的同事看作另类，并会将这种差异看作错误。但是，差异只是不同，并不是不对。这里需要进行人际关系的敏感性训练。再比如全国地大物博、幅员辽阔，不同地区有不同文化，上海人的细致和洋派，北京人的豁达和不拘小节，山东人的好学和对权威的尊重等，不一而足。当不同地区的人在一家企业共事的时候，这种地区文化的差异有时候也会折射在不同员工的行为表现里面。如果管理者理解文化的本质是群体思维加工过程，了解"一方水土养一方人"，他就会欣赏差异，并在差异中找到可以整合的亮点，聚集亮点，形成团队有生力量并建立团队战力。这里的训练方法就有"跨文化能力"和"文化情商"的提升等。

实际上，这就是典型的三维管理学习过程：首先对所面向的多样化的本质要有区分、辨别和理解；其次是进行管理、整合和跨越；最后是合成和验证效果。三维管理学习方法有助于管理者训练和获得共情力，并能够逐步成长为有练达力和有包容力管理者。图4-4展示了管理者通过多样化来获得共情力。

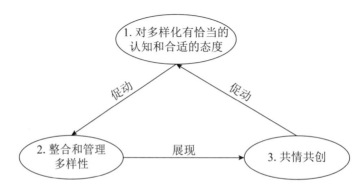

图4-4 关系多样化和整合共情

再次，管理者共情力的获得和其沟通力高度相关。事实表明，有效管理者每天要花 70% 以上的时间和各种不同的人、不同部门、不同利益主体进行沟通协同。通向共情力的管理沟通过程中，认同是先于说服的。肯尼斯·伯克认为管理沟通是对他人反应的反应以及对场景的策略型应答。在数字化时代，因为环境的不确定性等特点，管理者在和不同群体进行沟通的过程中，要注意结合不同场景的特点，和不同主体进行求同存异、意义建构，才有可能统一行动和实现目标。

帮助员工澄清目标，并将信息做到共享和透明。既要用未来和信念来感召员工，又要在过程中实施教练和指导行为，还要帮助员工理解阶段性目标和里程碑节点。再比如，高层管理者必须和组织外部的利益相关方进行大量的反复沟通互动，才能捕捉到关键信息，来帮助企业组织更好地规划战略。对于我国企业来说，管理者，尤其是高层管理者要和政府相关部门保持沟通畅通：必须主动了解产业趋势、技术发展水平，善于解读政府政策，邀请相关专家共创。只有这样，才能将企业的宏观目标和形势进行有机结合，不至于落伍。

最后，管理共情力是通过体认、认同、涌现这样的"柔性"方式表现出来的。管理者的共情力是他人和其交往过程中，感觉和感受出来的，很难通过命令的、告知的方式获得。管理者在培育自身共情力的时候，要时时反思和思考"在别人眼中，我是谁"这类问题。比如有的管理者能够让他人感觉如沐春风，有的则令人如临大敌，有的让人感觉冷若冰霜。共情力或感染力，是需要被他人感觉到或体验到以后，才能产生、发挥作用的。在学习共情力的时候，管理者对自身和外部世界要有觉察。能够体察和感受到他人的情绪，并通过"情绪"层面的恰当反应来建立和他人的联结。同时，也需要认知到"人各有异"，学习差异、接纳差异和管理差异，做到求同存异。更重要的是，还要通过选择"信念"和信靠使命，即"以信导行"来提升共情力。图 4-5 刻画了管理共情力学习的四个步骤。

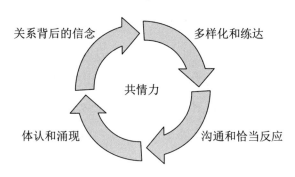

图 4-5　共情力学习四部曲

在学习过程中，要注意管理者共情力的四个维度并不是各自发挥作用的，而是彼此加强和互相作用的。管理者对不同类型的关系有了合理的认知和定位以后，能够找到关系管理的"定海神针"。接着管理者需要对多样化和复杂化有认知、有学习和有管理，并培育自身的练达力和包容力。在此基础上，管理者在具体的管理场景中，无论是对外关系，如政府、协会、银行等，还是对内关系，如上司、同事、下属等，都要通过沟通、协同、谈判、让步、妥协、博弈、斗争等方式来获得共创力和共情力。在这些具体沟通的过程中，管理者要有恰当的应对和反应，才有助于关系的建立、问题的解决和绩效的获得。经历过既有知又有行的管理过程以后，尤其是有意识进行三维管理学习训练以后，管理者能够让"他者"感受到善意、包容、开阔和睿智，其共情力就会自然涌现和流淌出来。管理者也会因此获得领导力和影响力！

4.2　合法性建构和共演力

正式组织，如政府组织中的高层或者企业组织中的高管，是环境和组织间的桥梁以及减缓不确定性的稳定器。他们代表组织，从外界获取资源和信息，同时也履行职责来创建组织战略和明确组织关键任务，并通过运用外界资源、信息、政策、技术等来经营各类活动，帮助组织获得合法性（legitimacy）和可持续发展的能力。对于高管来说，他们的关系共情力更多地表现在处理组织和环境的关系上。其三维管理学习方法，有破局创新、共舞共创、意义建构和为群体指明方向提供秩序等。

4.2.1 "渝新欧"和破局共创

黄奇帆在重庆市担任市长期间，其管理共情力和与形势共舞的能力令人钦佩，值得学习。2001年，黄奇帆受命担任重庆市副市长。2009年，他被提拔为重庆市市长。在任职期间，黄奇帆先后与6位不同的市委书记搭班子。这6位市委书记风格各异，政见也各不相同，但是黄奇帆作为"二把手"，无论是担任副市长还是担任市长，都能够和6位上司和平共事。他能够做到应付自如，并成为政坛可持续发展的典范。

2009年12月，黄奇帆正式受命担任重庆市市长。担任这一职务以后，他明确并公开表示要坚持和信守四条基本原则，即一位高管的信念、底线和初心。第一，摆正位置，合理定位，有所为有所不为。第二，勤政为民，坚持科学发展观的要求，时刻牢记党的宗旨，全心全意为人民服务。第三，力促发展，按照"3·14"总体部署和国发三号文件要求，努力把重庆建设成新一轮西部大开发的排头兵。第四，廉洁奉公，牢记两个务必，以身作则，艰苦朴素，廉政奉公，做到令行禁止、有错必纠。图4-6描述了黄奇帆和四方相关者进行关系建构时所秉持的原则和信念。

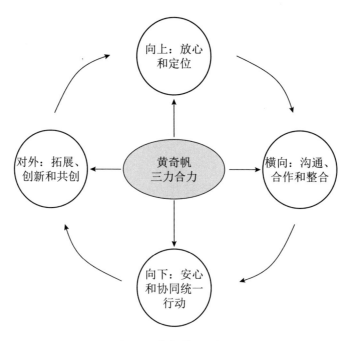

图 4-6　市长关系网络图

在原则确定和信念明确以后,黄奇帆在不同场景中,是如何落地和践行的?这里以他在主理重庆市经济工作期间所倡导组织和推动的"渝新欧"为例来加以说明。

我们先简要介绍一下"渝新欧"的基本情况。这是一条国际铁路联运大通道,全长 11 179 千米。该铁路从重庆(渝)出发,经西安、兰州、乌鲁木齐,向西过北疆(新)铁路,到达边境口岸阿拉山口,进入哈萨克斯坦,再经俄罗斯、白俄罗斯、波兰,至德国的杜伊斯堡(欧),故命名为渝新欧。从重庆出发的货物,通过渝新欧铁路线运输,沿途通关监管互认,信息共享,运输全程只需一次申报、一次查验、一次放行。到 2022 年 3 月,该班列的运输量已经高达 10 000 个专列。

上任伊始,黄奇帆基于对当时的世界经济格局、产业发展规律、我国经济"走出去"的要求和重庆市的定位等方面的系统思考和战略研判,将重庆市的发展目标定位为世界级电子产品基地。经过几年的努力,重庆市政府和企业高度协同，顺利完成电子产品的产量目标，即生产出各种网络终端产品和智能设施。2011年，重庆生产的笔记本电脑达到2 500万台。大规模的销量需要一个畅通的、成本较低的物流通道，才能帮助重庆的IT产业得到可持续发展。从当时的销路来看，重庆电子产品的销路一分为三：40%销往欧洲，如西欧、东欧以及俄罗斯等国家和地区；30%销往美国、加拿大、巴西，也就是北美和南美地区；还有30%销往东南亚、日本、韩国以及国内。从最大比例的销售目的地看，就是欧洲各国了。

经过上述系统分析以后，黄奇帆及其团队发现电子产品的运输线路是所面临的主要问题。如果按照先前的惯例，就是海上运输方式：电子产品需要先从重庆运到广东，再从广东港口通过船只运到欧洲。这样运输的话，差不多要耗费一个半月甚至两个月的时间。除此以外，运输成本也很高昂。从重庆到广东沿海的铁路长达2 000万千米，加上从广东出海2万千米海路的运费，导致运输的价格很高。黄奇帆洞察到主要问题之后，就开始联合国家相关部委负责人共同研究这些问题。经研究发现，渝新欧铁路原来已经有一定的基础。2010年8月，黄奇帆等人在国际巨头惠普落户重庆一年之后，带队赴北京，代表重庆市正式向海关总署、铁道部提出开通重庆至欧洲铁路大通道五定班列的请求。海关总署以及铁道部领导表示积极支持。得到国内重要部门批准以后，2010年8月30日，重庆市负责人在德国柏林召开了欧亚铁路会议。此次会议上，重庆建立了和德铁及俄铁合资企业等机构的联系，并随后和俄罗斯、哈萨克斯坦等国的铁路公司以及沿线国家政府部门联结，形成"五国六方联席会议"的多边磋商机制。

围绕重庆市发展目标，黄奇帆等高管和环境中不同利益相关方进行密切互动，帮助重庆市在经济发展过程中赢得了"合法性"基础。和国家相关部门合作，赢得了规制合法性（regulatory legitimacy）；和铁路沿线不同国家的相关单位协同、共创，并基于不同利益相关方都想发展经济、拓宽合作等诉求，赢得认知合法性（cognitive legitimacy）。在此基础上，黄奇帆等人发现不同国家，铁路运输的价格都不同，有高有低。比如在哈萨克斯坦，一个集装箱一公里0.6美元，中国是0.8美元，而到了俄罗斯需要1美元。这一类和价格相关的沟通协调和共舞共创活动属于利益合法性（instrumental legitimacy）。有了规制合法性和认知合法性作为铺垫与基础，利益层面的事情比较容易协调。黄奇帆团队先将俄罗斯铁路公司的负责人邀请到中国来，双方坐在一起协商和谈判。经过多轮共创，从最初单价1美元谈到0.8美元，后来到0.7美元，最后降到0.55美元。以此为基础，再和沿途其他国家的代表谈，运输价格都相应降了下来。在和中国铁路总公司谈的时候，很快达成共识。在具体谈判中，讨论和共创的焦点不是价格，而是规模。以班列总量作为单价的基点，当专列达到130个的时候，单价调整为0.6美元。当运行量达到250个专列的时候，单价则降到0.55美元。经过和多方利益代表多轮的谈判、沟通、共创，最终在价格方面取得了一致。

在这个案例中，可以看到黄奇帆的战略洞察力、关系共情和共创力与自我反思力都很强，他对信念使命、知识工具和决策行动三个维度的理解都是深刻通透的。三维相互奔赴的节奏火候把握精准。

首先，他很清楚自身职位的责任和价值观。他在重庆市市长的职位上进行系统思考和客观分析并定位精准，做到"有所为有所不为"。这正是图4-2所描述的关系背后的信念。

其次，是他的共创和共情能力。在和不同关系方进行互动的时候，尤其是资源约束情况下，他用创新的方法来进行破局。在"强关系"相对稳定甚至不利的情况下，主动进取，系统研究党中央对重庆市经济方面的要求，并将视野放在国际大空间，寻求外部资源，和利益相关方共创，共同做大"蛋糕"。在面对不同利益相关方的时候，如身边的同事，既有三观一致的，也有三观不一致的；再如外部利益相关方，既有利益一致的，也有利益相冲突的，黄奇帆都能够客观认识到人群的多样化，并对人性有深刻理解。他能够做到不卑不亢、张弛有度。在和不同群体共创关系或者建构格局的时候，黄奇帆紧紧依托合法性建构（legitimacy construction）这个抓手，围绕重庆市"正式的"组织目标，和不同关系方建立不同类型的合法性，求同存异。通过获得和夯实规制合法性、认知合法性和利益合法性，出色地担任了重庆市这一"组织"和外部环境的桥梁与大使。他的共创、共舞和共情能力，在很大程度上帮助重庆市在不确定环境下找到秩序、方向和可持续发展的模式。

再次，有了明确的定位以及合法性建构的基础以后，黄奇帆在具体操作层面能够做到精准行动。他不仅"长袖善舞"，而且"策略多元"，同时能够"与时俱进"。他对不同利益群体有恰当反应和及时回应。在带领重庆市成为世界级电子产品基地的过程中，他广交朋友、寻求"盟军"、构筑共赢的利益格局。和不同国家不同的利益主体进行关系建构与合作的时候，黄奇帆善于在一系列管理原则、策略和措施中进行组合，并多管齐下。比如在沟通的时候，从沟通目标到不同对象，从实施内容到方法运用，进行策略性组合和协同性整合。即使在矛盾重重的情况下，也能牢记初心不忘使命，坚持创新和破局，并团结各方正能量，完成了重庆市的经济建设目标。黄奇帆通过面向未来、面向国际和面向历史的大运作，创建新的资源链和价值链；通过在发展中解决实际问题，做好工作，取得绩效。

最后，经过上述三个方面的努力，即守住原则、信念和底线；理解多样群体的差异，并学习和驾驭差异；采用精准和恰当的沟通方式，黄奇帆赢得了各方的认同、认可和尊敬。其共情力从不同层次、不同项目运营过程中，自动涌现出来。他从岗位正式退休以后，还能够在各种不同的社会型组织，如高校、协会等场景中，继续发挥专业力量，出谋划策，拒绝"躺平"和"内卷"，创建出"夕阳红"和可持续发展的康庄大道！

4.2.2　纳德拉和赋能共情

2014 年，萨提亚·纳德拉出任微软 CEO（首席执行官）。2018 年，他被评为全美最佳 CEO。2019 年 6 月，微软市值突破 1 万亿美元。2022 年，微软市值已经达到 2 万多亿美元，并大有上升趋势。

在纳德拉接任以前，微软处在举步维艰和业绩不尽如人意的状态。从战略方向上看，公司错失移动和云计算领域的最佳转型时机，特别是在移动领域。公司倡导的愿景和战略，没有给股东和华尔街股评家信心。公司的大众形象也比较糟糕，以至于股票一直在 30 美元徘徊。再看公司内部的管理，其组织架构和结构安排导致公司内部各自占山为王，大有藩镇割据、军阀混战的态势。除此以外，公司各个部门各自为政，员工对公司的认同降低，导致人才流失。更严重的是，人才的内部竞争机制使得内部创新的土壤很难培育，新产品也很难受到客户的青睐。

在四面楚歌和风雨飘摇的情况下，纳德拉走马上任。他很清楚，在如此不确定的环境下，在公司内部无序混战的情况下，CEO 首先要做的是为公司指明前进的方向。这对管理者和领导者的能力与直觉都提出了很高的要求！纳德拉富有洞察力地和环境共舞，满怀韧劲地和员工共情共创，促使微软在较短的时间里获得商业成功，并走上正常轨道。他也成为最受欢迎的 CEO。在和环境共舞以及和员工共情共创的过程中，纳德拉采取的主要管理措施有：

首先，凭借自身在微软工作近 30 年的经验，他以敏锐的战略洞察力，对认知盈余、富足时代、移动互联和人工智能冲击下的世界趋势进行了分析，并将微软的未来发展定位和时代共舞，决定聚焦于混合现实、人工智能和量子计算三大方面。

其次，他在企业文化方面进行"软性"革新。纳德拉崇尚平和、低调、谦虚、富有共情力和同理心的领导风格。他旗帜鲜明地指出微软的未来应该从共情力和同理心出发来调节微软和客户、人与人、人与组织的关系。在微软内部，通过制度，尤其是人力资源管理制度将共情和同理心转化成管理语言，并用来牵引干部行为和员工行为。基于组织外部机遇和挑战，以及组织内部的问题和能力，尤其是内外部的联结和整合，纳德拉提出系列又系统的改良方案，并让这些洞察和共情变成组织行为，广而告之和众所周知，帮助微软成功转型。

再次，在把握好战略层面的目标和愿景、营造好新文化氛围以后，纳德拉在共情力和组织制度的加持下，持续地为团队赋能。"作为一位领导者，你经常会面对这样的场景：有下属走进你的办公室，向你诉苦或抱怨……你无法掌控所有的东西，也不能解决所有的问题，所以，你必须学会给你身边的人赋能，成为一位有效的正能量传播者，以此来激励周围的追随者"，他还说："领导者要产生能量，无论身处顺境还是逆境，要激励乐观主义、创造性、共同承诺和成长，让每个人都能发挥出自己最大的潜力，帮助团队和组织进步。"

最后，纳德拉上任的时候，微软内部的氛围糟糕，很多员工感受到的是忧虑和失望。因为他们一方面要花费精力在产品研发上，另一方面要花更大的力气来处理内部关系、执行繁复的内部程序，整个过程让员工非常沮丧和压抑。这也导致很多优秀的人才不断离职，向拥有更为平等、积极的新兴的互联网企业流动。基于这样的场景和氛围，纳德拉在公司倡导非暴力沟通，就是用激发善意和"爱的语言"来和员工进行共情。"非暴力沟通"其实就是共情力在职场的运用。在进行人际交流的过程中，通过关注自己和他人的感受及需要来得体恰当地说话和表达，这样能够减少争辩和对抗，培养彼此的尊重与爱。非暴力沟通有四个要素：观察、感受、需要和请求。管理者可以借助"我观察到……我感觉……是因为……我请求……"这样的句式和员工进行沟通互动。这样能够帮助避免矛盾和争论，并取代惯常用的指责、嘲讽、否定、说教和随意评价等暴力言语。

纳德拉在其自传《刷新》中说道："我学会了以同理心面对我所遇到的每一个人。我希望将同理心置于我所追求的一切的中心——从我们发布的产品，到新进入的市场，再到员工、客户和合作伙伴。让领导者在微软实现自己的热情，赋能于他人，让别人更有能力，享有更大的自由。"

4.2.3 高管和共演共情力

通过重庆市前市长黄奇帆和纳德拉的案例，我们可以看出这两位高管都是关系共情力和共创力的高手。在高管创建和创新关系共情力的时候，三维管理学习认为以下几点较为关键：

首先，要将组织目标和高管职责内化成自己的信念和责任。这既是高管的个体体认，更是高管的理性选择。这就是通常说的使命感。高管心里有了使命感，在俯身现实的时候，往往会较为客观全面地找到组织层面的主要矛盾，并将其转换成问题或者项目，沿着界定问题、分析问题和解决问题的脉络推进。在此基础上，能够较准确地为组织和组织成员定义现实和预测未来。

其次，基于不同阶段的不同目标，高管需要整合组织内外部不同利益相关方的正能量。利益相关方的诉求不同，关系类型也会有所不同。在企业组织中，有情感共同体、利益共同体、规范共同体或文化共同体。高管的知识结构、学习能力和速度以及思维模式对关系的识别、建构和推进都至关重要。高管一方面要从自身出发来进行研判、驾驭、处理和博弈，另一方面还要结合正式组织中的权力、结构、流程以及信息系统等管理措施来形成合力，才能获得指向组织目标的统一行动。如图4-1所示。

最后，高管在局部进行试点取得阶段性成功以后，要迅速让其成为案例或者模式，在其他场景加以复制，才会逐步形成"气候"，变成组织"氛围"，从而有利于组织下一步精准的行动。图4-7为高管获得关系共情力过程中的三维管理学习示意图。

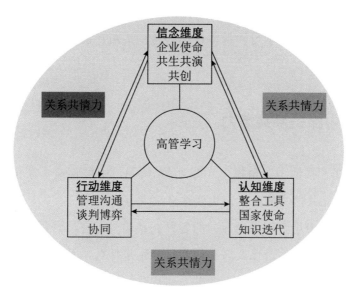

图 4-7　三维管理学习和关系共情力

4.3　管理沟通和共情力

高层管理者的共创共情更多地关注组织和环境的关系，即外部关系。中层管理者的共情沟通偏重于组织内部和团队内部，即内部关系。比如对中层管理者说，关系共情力聚焦于内部关系的建设和管理制度的优化。在"对上管理"的过程中，一方面要发挥能力、具备情商来领会和翻译上级的意图；另一方面要遵循组织正式原则，按照结构规定的责权利来和上司进行互动（参考图4-2关系共情力双因素模型）。在"对下沟通"的过程中，一方面要和下属建立信任和稳定的互动关系；另一方面也需要借助组织中的制度措施，如培训制度、绩效考核制度和薪酬管理制度等，来和员工建立共情关系。作为组织内部链接顶层设计和完成任务的"腰部力量",中层管理者必须通过关系和信息来进行决策和战略落地。中层管理者在获得共情力的过程中,要学习并掌握管理沟通、认知升维、整合协同和赋能教练等方法。

4.3.1 内部关系共情力

如管理者共情力三角模型(图4-3)所示,中层管理者在和组织内部不同群体建立共情力的时候,也要注意三大方面。

首先,就中层管理者所面向的各种关系场景而言,他要警觉的是他对不同关系想当然的假设以及应有的假设分别是什么,区分是什么,是否有偏见和一厢情愿。比如在对上的关系建构时,中层管理者要清楚"上司"既是具体稳定的,又可能是流动权变的。它可以是结构层级上的权力,更是关键信息的来源,还是和未来趋势产生联结的"代理人"。除此以外,对"上司"和更大范围的链接点也要预判。在4.2节中,通过黄奇帆和纳德拉的事例,中层管理者要学习理解高管职责的重点在于预测未来、定义现实、意义建构、抽象思考和扛事兜底等。而在当下乌卡时代,中层管理者又要知晓"上司"那里不一定有关于未来的标准答案。未来是组织成员共创共担建构而来的。

其次,中层管理者要关注关系相关的知识或者理论工具,以便帮助自己研判现实场景中的关系属性、类别和脉络。比如基于企业组织所处的发展阶段,在当下阶段面临的主要矛盾,企业"十四五"规划中所强调的目标有哪些?长期、中期和短期的内涵分别是什么?目前企业组织中最能够代表未来的力量蕴含在哪里?组织是否进行了有生力量和代表未来力量的储备?目前组织价值创造的主流程是什么?最能满足客户需求的关键业务活动在哪里?组织目前的氛围是保守还是创新?是止步不前还是阔步向前？更重要的是，关注这些知识、工具、流程和氛围以后，所得出的结论对自己意味着什么？如何基于不同场景做好定位？又如何统合？

最后，在信念维度和知识维度有了装备与习得以后，中层管理者要将时间用在刀刃上，用合适的方式和组织内外部的利益相关方进行持续的沟通和协调。无论是汇报工作、战略落地；或者带领队伍、夯实能力；或者完成 KPI，进行跨部门的合作，都需要行动层面的精巧。这在 4.3.3 节中将有详细论述。

4.3.2　向上管理和目标力

现在来看一位 EMBA 同学在课程作业中写的亲身经历："我们公司的老板对于公司战略以及产品的定位，每一次阐述都是天马行空的。在我这样一个从业将近 15 年的专业人士眼中，简直觉得老板他是在用外行的思维方式来领导一批内行。在 EMBA 课堂上，我听老师讲到人物、人才、人手的区别时虎躯一震。人物最重要的一项工作就是创新和破局，而我本人因为从业时间过长，自己把自己给固化了，思维方式僵化了，在组织中顶多也就只能算是一个人才。对人才来说，我的短板正是创新，相反我们公司老板，他不断在用创新思维指导公司的未来发展，正是做着一个公司人物该做的事情。所以就在昨天，老板再一次和我以及其他高管探讨公司发展时，依旧是天马行空的思路，但是听的人，也就是我有变化了：我心里不再有对抗情绪，反而会去思考老板为何会有这样的思路，是什么因素触动他产生这样的思路，我该如何配合他助力公司发展，未来可能会遇到哪些困难等。"

这位 EMBA 学员在向上管理和沟通的时候，所分享的案例是真实生动的。他的心态，即他对上司职责的假设变了，对向上关系的信念发生变化了，则很快带来他行为的变化。调整心态和行为以后，他的潜力也会更多地被释放出来，并在战略部署和落地过程中发挥更积极主动的作用，其职业发展空间也会更开阔和有前景。

在向上沟通和管理的过程中，中层管理者学习和获得关系共情力需要关注以下几个方面。

第一，中层管理者要和上司共情共舞，首先要领会和理解"领导和追随"之间的关系。在体现主旋律题材的电视剧《亮剑》中，团长李云龙和政委赵刚之间的关系就是非常互补的：一个攘外，一个安内；一个负责"打粮食"，一个负责"增肥力"。在华为，任正非是远光灯，负责照亮方向和提供秩序。他的手下则是近光灯，需要进行战略部署和执行，保证组织绩效的实现。在企业组织中，领导和追随关系是相辅相成与动态发展的。

第二，要注意"知彼"。上司是中层管理者关系建设中很重要的利益相关方。在"知彼"的过程中，需要理性认识向上沟通的价值，如明确方向、获得资源、取得决策的合法性以及获得影响力等。除此以外，还需要关注"上司"的角色和类型，如有的是副手，有的是"一把手"；有的脾气急，有的性子慢；有的规划性强，有的很随意等。不同类型的上司，他们所关注的话题、青睐的风格、对矛盾的态度、和下属关系的正式化和非正式化程度把握都不一样。具体来说，要注意上司倾向于让下属自己找题目，破局和创新，还是上司出题目，让下属解题目或做作业。如果是找题目或者要求下属破局创新，下属所得到的信息可能是很不对称或全面的。如何在信息不对称的情况下，做分析和破局？这就跟下属的战略洞察力有关了。除此以外，还要注意和上司沟通的时机、节奏以及切入点等。作为中层管理者，还要清楚和上司沟通的基础与前提是认同，不是说服。中层管理者要充分了解在什么场景中，什么是不可以和上司沟通的。当然，还要注意保持关系的开放性、流动性。

第三是"知己"。对中层管理者来说，在向上沟通的时候，首先要关注的应该是职位的价值观，并以此作为自身定位的依据。在 4.2 节，我们看到黄奇帆在发展"关系共情力"时候的第一原则就是基于角色做好自身定位，做到有所为有所不为。中层管理者除了关注职位职责和价值标准以外，还要主动了解所处组织的发展阶段、面临的关键问题等，以此为基础来思考自身应该具备哪些知识、能力和应该秉持的态度。接着还要充分了解获得绩效所应该具备的条件。从关系共情力建构的角度看，中层管理者要注意和上司形成共同体，并形成信任，统一行动。

在对以上三点有了认知和区分以后，其他就是要注意节奏、语气、分寸、时机等具体行动层面的技巧。

4.3.3　绩效沟通和执行力

从前文我们可以看到，中层管理者通过向上管理和沟通共情以后，能够更好地获得关于组织目标、绩效目标和个人发展目标的理解、体认，也能够更好地定位。方向和目标明确以后，中层管理者日常工作中，一方面需要对上联结战略并和其他部门互动沟通，另一方面要和所带领的团队成员进行沟通和共创。这一部分集中讨论中层管理者带队伍过程中，通过绩效管理和考核这一管理制度，发挥共情力，有效调动员工积极性。

员工绩效管理是企业组织中正式的管理制度。它对帮助员工明确目标、调节态度、调动积极性起到至关重要的作用。在战略确定的前提下，员工绩效管理一般有四个环节：绩效计划制订、绩效考核过程、绩效结果的应用和结果反馈。研究表明，正式绩效管理和考核实施过程中，需要管理者和员工之间形成有效沟通、共情共创，才能取得应有效果。除此以外，随着数字化时代的到来，组织内部转型频繁，知识型员工的心理和需求发生很大变化，绩效管理过程和考核过程中，管理者和员工之间的信息传递频次、信息沟通方式、绩效结果的反馈等变得要求更高。管理者通过以下方法，可以获得员工的信任。

　　首先要注意绩效考核前的协同性沟通。这里以某互联网公司为例，说明协调性沟通的内容和频次，以及公司如何保障管理者共情力、领导力和沟通力的施展与提升。在这家公司，中层管理者先要对公司战略、公司成功等内容加以熟悉、消化和翻译。在和高层管理者就上述关键问题达成共识以后，中层管理者会和本部门的员工就"公司目标"、部门目标、岗位目标和员工工作目标展开持续的、平等的对话和交流。管理者每隔两个月就要和部门内部的员工展开一对一的讨论、商定和确认。在半年时间内，该公司员工的绩效目标一般是5个左右。绩效考核前的协同性沟通，管理者的对话和支持，能够使员工感到被尊重、过程有参与、信息有知情。员工这种知觉到的信息对其日后完成绩效目标起到推动作用。与此同时，公司还设计其他管理制度来督促中层管理者主动和员工进行一对一会谈，并进行培训活动来提升管理者的领导能力和沟通能力。

　　其次要注意绩效考核过程中的调节性沟通。在绩效管理和考核过程中，除了正式沟通以外，管理者还要通过非正式沟通的方式来倾听员工心声，了解他们的想法，捕捉管理过程中的痛点和难点。在调节性沟通过程中，员工更能够感受到绩效目标完成过程中，源自管理者的帮助、支持和关心。除此以外，在员工绩效管理过程中，公司外部经营形势常常也会有变化，公司战略重点和经营目标可能也有调整。在这种情况下，管理者更有必要就组织层面的变化，以及延伸到员工岗位目标层面的变化，主动和员工沟通互动，并考量这些变化和其关键考核标准的联系等。借此过程中的调节性沟通，管理者能够做到和员工以及对应岗位的同频共振，有效率和有温度地帮助员工和组织进行必要的同步，并愿意进行调节、丰富、纠偏的组织行为。

　　最后，在进行正式绩效考核以后，管理者了解到部门内部不同员工的考核结果，要对其进行反馈性沟通。有了前面的协同性沟通、调节性沟通以后，反馈性沟通难度不大。员工有参与、有知情以后，绩效目标容易内化为自身目标。反馈性沟通要注意的是有理有据、有数据、有比较和有进步空间。图4-8为绩效全过程沟通示意图。

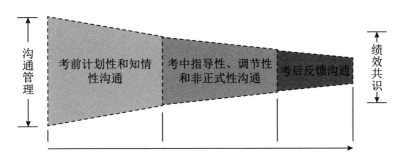

图4-8　绩效全过程沟通示意图

在企业组织中，中层管理者的共情力主要通过组织目标、绩效管理、培训管理、沟通管理等过程来体现。在上文，我们主要通过向上管理来理解和领会组织目标，通过向下管理以绩效管理和考核以及沟通为典型场景来刻画中层管理者应该如何学习和发挥共情力和影响力。从三维管理学习的视角，中层管理者获得共情力的过程要注意以下几个问题。

首先，考量自身和上司、下属、同事或者外部利益相关方之间的关系。要学习理会和体认不同关系的不同性质。有的是利益关系，有的是规范关系，有的是情感关系，有的是非正式关系等。在创建和夯实不同关系的过程中，中层管理者一方面要考虑组织的正式要求、制度要求和岗位要求等，另一方面也要重视非正式的人际关系和情感关系。中层管理者要对正式和非正式的管理手段加以平衡，并在过程中善于交叉使用和合理组合。

其次，基于组织发展特定阶段的主要目标，中层管理者要认知到无论是利益交换、规范建构还是情感共鸣，关键是要找到和不同相关方共鸣共情的"桥墩"。在认知和学习过程中，中层管理者尤其要注意系统思考，并牢记"在同一个层面出现的问题，是很难在同一个层面找到解决问题的答案的，而是要到更高层面才能分析和解决问题"的基本原理。实际上，中层管理者的知识结构、看事情的角度、掌握的管理工具、学习能力和速度、思维模式优化都在共情力的创建过程中起到重要作用。

最后,在行动的时候,管理者尤其要把握好火候、节奏和分寸。在不同场景下,面对不同沟通主体,要注意沟通内容和形式的选择。在关系共情力的建设中,中层管理者尤其要注意和不同群体有"认同"。认同是人际沟通的钥匙,它是关于"心"的学问。人际的对话很多时候是关于"心事"的对话。对话效果和事件本身的真假对错重要,但对话主体的喜好和偏好是更重要的。很多时候,"求真"比"求和"更重要。图 4-9 的洋葱图能够帮助管理者更好地建立和谐关系,第一层次是对话过程中需要传递的信息,这是内容本身;第二层次是对话过程中的情绪;第三层次和对话者的自尊有关。

图 4-9 管理沟通洋葱图

图 4-9 表明管理者在和不同利益主体进行沟通的时候,其角色和定位不是一成不变的,而是要针对角色和目的进行动态调整。事实上,管理场景中主体间的对话和沟通是一个充满变化和持续不断的过程。在持续的沟通和对话过程中,主体要学习不断地转变角色和目的。这里要注意的是:心态的调整,要由确定变成好奇;行动的改变,要由争辩到发现。另外,还要注意观点的吸纳,也要从简单变成复杂。

在具体的沟通过程当中,还要注意动态调整。比如在和不同主体进行对话的时候,第一步要注意对话的再构造。管理者要及时吸纳对方话语的中心思想，并记得提醒自己"话语"中包含信息、情绪、自尊三个层次。这样就能够将对方话语当中的中心思想翻译或者转化成能够为己所用的内容，并将其转化为可以纳入三层对话当中的内容。第二步要学会做对话的引路人，而不要让自己处在被动挨打的位置上。第三步要学会聆听。如果遇到话题无法继续的情况，中层管理者要学会适时地重新拟定话题，而不是任由将对话拖入"死胡同"。除此以外，沟通行动过程中，还有两个要点尤其重要：第一是放弃想要控制对方反应的想法。这个"退让"，不仅仅为对方提供了作出反应所需要的时间，也会让自己的压力得到缓解，同时还能够借助对方的反应，来吸收和获得关于"别人眼中的我"这方面的线索和信息，并为下一步富有建设性的谈话找到"桥墩"和"通道"。第二是要做好准备，迎接别人的回应。尤其要注意对话过程是持续的过程、是对别人反应的反应，千万不能以为对话是"一锤子买卖"。比如在向上汇报的时候，就要做好预演，即预测上级的几种反应，并对上级的不同反应及时作出反应，如果同意的话，怎么反应；如果不同意的话，又该怎么办；等等。

日本合气道的创始人植芝盛平是个平衡高手。有学生提问：您似乎从来都不会失衡。您永葆平衡的秘诀是什么呢？植芝盛平回答：你错了！我会不断地失去平衡，而我的技巧就在于我能够不断地重获平衡。管理者在学习和获得共情力与影响力的过程中，也要注意失衡和平衡的交叉进行。

扩展阅读 扫描此码

4.4 Z代员工和赋能

新生代员工完成学业后步入职场并日渐成为职场和企业组织的中坚力量。这一代际所处的时代较为开放，所接受的文化也较为复杂和多元。与其他代际，尤其是 60 后、70 后代际不同的是，新生代员工的互联网基因和文化多样化等特征，使得他们对待权威的态度更为平等。作为知识型员工，他们的自主性、成就感需求、积极寻求反馈的能力较强。

对于企业组织来说，新生代员工的融入管理已经成为人力资源管理的重要内容。这对基层员工效率、员工留存和后备队伍储备等都有很大的价值。企业组织在新生代员工入职初期职业发展过程中，一定要采用合理的融入管理、赋能管理、共情管理，才能帮助员工适应组织，完成其组织社会化过程，提升新生代员工能力和降低流失率。

作为新生代员工的"顶头上司"，中层管理者的管理风格、沟通方式、领导力水平等直接影响新生代员工对组织的承诺和对工作的胜任。那么，中层管理者如何学习并获得互动过程中的关系共情力和影响力呢？

首先，管理者要充分了解新员工融入管理是组织社会化过程。管理者要通过组织目标、组织制度和组织常规等管理措施来帮助新生代员工发展和拓展态度与行为，使得其更好地融入组织。组织社会化指的是"个体被培训教导并学习某个特定组织角色诀窍的过程"。这里的关键是在相对稳定的组织社会系统和组织中人际关系以及新生代新进人员之间建立有机联结。组织社会化过程有两种类型，即正式和非正式。通过这两种过程的"濡化"和影响，新员工通过学习有效行为、调整态度能够成为对组织有用的人，具体学习内容有组织目标、组织结构、规则规范和企业文化，还包括岗位要求、任务职责、人际关系。

在新员工组织社会化过程中，管理者通过承诺型或共情型人力资源管理策略，和其建立共情、共创和共担的氛围。承诺型人力资源管理策略是组织给予新人更多的输入，如通过团队作业、工作轮换、项目驱动、赋能激励等方式提高员工对组织的认同。在进行策略落地的时候，管理者要注意营造自组织的、非正式化的或者分布式的权力安排。这一人力资源管理策略和管理者管理风格的联合使用，能够激发新员工在社会学习中的创新性和灵活性，并激发其创造潜力，使其成长为顺利履行岗位职责的组织人。

其次，管理者要学习教练和赋能技术才能更有效地和新生代员工共情和互动。比如 GROW 这一工具就是行之有效的。作为教练式辅导方法，这一模型通过清晰的流程、富有技巧性的提问帮助新生代员工释放潜能、认同组织和承担责任与提升独立思考及解决问题的能力。图 4-10 为教练辅导工具 GROW 模型。

图 4-10　教练辅导工具 GROW 模型

第一是 GROW 中的目标制订（G）。在教练过程中，管理者要帮助和启发新生代员工来明确想要达成的目标，而不是将目标灌输或者强加于对方。在讨论目标的过程中，要提醒员工如何将长期目标、中期目标和短期目标进行有机结合，如何梳理出真正的目标，如用 SMART 技术来帮助对方做到短期目标要具体、可测量、经过努力能够实现、结果导向和时间要求。除此以外，提出富有启发性的问题也将有利于新员工明确自身目标和组织要求，以及双方的联结。比如：你的目标是什么？在近 3 个月内，你想要达成什么？你的长期目标是什么？为什么这个目标对你很重要？目前在你的脑海中，有标杆或者榜样吗？他们是如何做的？对你有什么启发和借鉴？

第二是 GROW 中的现状（R）。在教练过程中，管理者和新员工携手一起了解现实情况，并尽量实事求是来识别有利因素和妨碍因素。在辅导过程中，管理者尽量做到不预设立场，而是管理新员工思考，倾听他们描述现状和提供具体事例。在辅导过程中，提出这些问题是有益于促进双方关系的：现在的情况如何？你能介绍一下真正的问题吗？到目前为止，你做了什么？效果如何？这件事情进展不顺利，对他人有何影响？对你有何影响？你感觉困难在哪里？我们的目标还有效吗？

第三是 GROW 中的选择（O）。在讨论好目标以及现状以后，管理者可以帮助新员工制订行动方案。在进行方案选择的时候，要鼓励员工提出尽可能多的可选方案，并分析这些方案的利弊。在对方感觉安全的时候，适当地提出建议。提出这些问题，能够有利于新员工打开思路：为了改善现状，目前能做些什么？还有哪些方案可供选择？它们各自的优缺点是什么？可以再讲得更详细一些吗？如果能够重新开始，什么地方会做得和以前不一样？我能帮什么忙？

第四是 GROW 中的方法（W）。通过上面三个环节的互动和辅导，这一环节要帮助员工找到具体完成任务的方法。在管理者和员工进行互动的时候，要注意扮演好协调人角色，而不仅仅是命令者。除此以外，还要帮助员工计划具体行动的时间安排，讨论并表明管理者能够提供的支持。

第五，在经营形势日益乌卡的时代，管理者要充分领会到企业组织是越来越数字化、扁平化和知识化的。管理的重点更要以人为核心。管理者关系共情力有利于在组织中营造自驱动、自组织和自演化的氛围。除此以外，管理工作还需要对人性有更深层和更丰富的理解，尤其是对员工的情绪和情感要给予关注，并以关系共情力为桥梁来使人与人连接起来，并实现人和组织的协同发展！

4.5 关系共情力学习方法

关系共情力更多的时候是需要体验和感悟的。管理者既要有自知之明，更需要了解在别人眼中自己是谁。因为管理者"是通过团队和对多样化的管理"来获得绩效的。共情力的学习，事关管理者对人性的了解、对情绪的捕捉以及在互动过程中对别人的反应有恰当的反应。关系共情力三维管理学习方法如下：

第一，"以信引行"。在和不同利益相关方交往、联结和互动的时候，管理者首先要做的是思考和对方关系的性质，以及此类关系在更大范围内，尤其是和组织目标联结时的内涵。比如上司和下属互动的时候，要考察目前和此类下属属于什么关系类型，是命令型、说服型、咨询型还是参与型？研判以后，才能进行定位。有了定位，沟通主体才能确定用什么方式说、什么时候说、在什么场合说是合适的。

第二，"以行促知"。共情力的养成是说来容易做到难。每个管理者在和不同团队或部门的交往中，都会有心烦意乱的时候，有生气沮丧的时候，这种时候往往就是学习发生的时候。通过咨询、反思、静坐、走开、复盘等过程，这些心烦意乱日后都能绽放花朵。管理者的心胸是被撑大的，也是被"气大"的。

第三，"以知践行"。心理学，尤其是积极心理学提供了很多工具、知识、视角，帮助管理者知己知彼。比如自我效能、心流、多元智能、领导者意识进化等，能够大大减少管理者提升共情力的摸索时间。按照知识脉络和配套的操作过程，管理者进行体验和试验能起到作用。再比如，在哲学领域，尤其是我国传统文化中的资源，是能够帮助管理者养成共情力的。儒家讲的就是社会场景中人与人之间关系建立的原则和方法，佛家讲的是如何处理自己和自己情绪的关系，道家反复教导我们要掌握好自身和规律的关系。这些传统文化中的哲学资源，能够帮助管理者学习区分辨别问题的性质、避难不掉坑和做到有成果。

第四，不同发展阶段，不同岗位的管理者，要注意关系共情力学习的内容、方法是不同的。和客户共情，要注意共情的认知面；和组织内部人群进行互动和沟通的时候，要注意的是情感面。

第五，在面向未来的战略学习过程中，管理者要学习共演化和顺势而为。

总之，管理者体悟和建立关系共情力，既要坚持体悟，又要做到开放，还要学会学习。三维管理学习方法对管理者培育共情力卓有成效，既能找到别人的亮点，又能互相成就。

第 5 章
修炼自我反思力

　　故天将降大任于斯人也，必先苦其心志，劳其筋骨，饿其体肤，空乏其身，行拂乱其所为，所以动心忍性，曾益其所不能。

　　人恒过，然后能改；困于心，衡于虑，而后作；征于色，发于声，而后喻。

——孟子·告子下

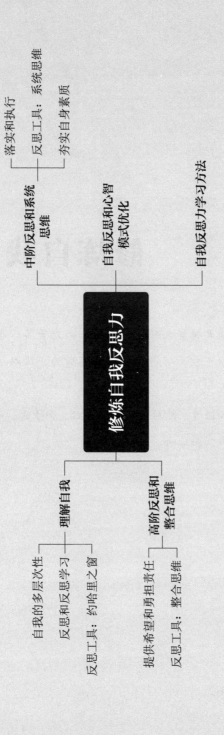

第 2 章描述了管理者必须具有三大关键能力，即战略洞察力、关系共情力和自我反思力。第 3 章介绍了如何学习战略洞察力和部署力。第 4 章阐明如何学习关系共演力和共情力。按照由外及内的逻辑，即天地、众生到自我，第 5 章考察如何学习自我反思力。自我建设是管理者能力的起点，也是需要持续精进的，并没有终点。因为自我反思是自我发展的有机组成部分，是每个人一辈子都要去打磨、淬炼和建构的。对于高层管理学习者而言，自我反思力更多地和"有信念"与"善整合"有关。除此以外，还要注意克服"自恋"倾向。对于中层管理者而言，其自我反思力体现为"有系统"和"会总结"，同时也要注意自身管理素质的持续提升。在面向不确定和未来的时候，管理者都要勇于进行经验重构和追求成长，并锻造出适应力、韧劲和敏捷力。

5.1 理解自我

5.1.1 自我的多层次性

自我（self）是一个多层次概念，它的内涵很丰富。在哲学家眼中，自我是永恒的研究主题。古希腊哲学家指出"认识你自己"是最为关键的人生命题。我国著名哲学家梁漱溟先生说：人类不是渺小，是悲惨；悲惨在于受制于他自己。深深地进入了解自己，而对自己有办法，才得避免和超出了不智与下等。这是最深渊的学问，最高明最伟大的能力或本领。在文学家眼中，自我的救赎、自我的忏悔、自我的解脱从来都是不朽的题材。英国著名作家莎士比亚笔下的哈姆雷特总是在追问是活着还是死去，苦苦思索自我存在的价值。在心理学家那里，自我更是一个无穷的宝藏。从马斯洛提出自我实现以后，心理学家的研究成果在产业组织和家庭等领域的运用非常广泛。近些年来，心流、正念、共情、赋能等概念为很多企业管理者所接纳。在商学院的必修课程里面，组织行为学、领导学等课程都是根植于心理学的研究成果。在心理学家看来，自我是以个体作为主体，对"我（I）和我（me）""我和你""我和他（们）"关系的认知和判断，并由此产生的行为。心理学家认为自我具有四大特点：独特性、一致性、私密性和主动性。独特性体现的是每个个体的人格差异；一致性指的是个体在不同情境下，人格所体现出来的稳定性；私密性指的是个体潜意识中维持"隐私"的一种倾向；主动性则表明了自我的可塑造性和可延展性，即"天行健，君子以自强不息"。除此以外，自我还是一个形成和发展过程，它和人的社会化过程有关。在这个过程中，人通过和重要他者的互动，以及符号的习得，逐步建立起关于主我和宾我的关系。当一个人学习站在"宾我"的角度来审视"主我"的时候，就建立起旁观者角色。自我是习得和建构的过程。心理学大家荣格更是从文化和意义的角度对自我进行探究。他指出：在人的整个一生中，他所应该做的，只是在固有人格上，去最大限度地发展他的多样性、连贯性和和谐性，小心谨慎着不让它破裂为彼此分散、各行其是、相互冲突的系统。

在第2章，我们介绍了阳明先生关于人和自我实现的思想。阳明先生倡导人只有通过自身体验，才能理解圣人教导并求得自我转化和实现。他通过自己江西平匪、受奸臣迫害、教书育人和龙场悟道等极其丰富和坎坷的亲身经历，发现外物的"理"和人的行为，实在难以合一。他指出人只有通过对自身生命内在的体悟，获得关于自我的信念（立志）并践行信念，才能获得知行合一。在阳明先生看来，通过"立志"，即意志的确立，人才能够进行自我改造、自我翻转和自我升级。人的本质就在于通过与环境的互动进行自我改造和自我优化。阳明先生从整体主义立场出发，提出"格物"是主体追求自我优化的方向原则。以此为出发点，知才能够修正行动，行则能够加强自我认识。如此一来，知和行就是统一和合一的。主体在 being 上的坚守，即立志和建立人生使命以后，其求知过程就将人当前（生存）状态和未来（理想）状态进行联结和结合。与此同时，人的行动，包括体验、反思和重构也就有了方向，不再是盲目的了。在立志的原则指导下，主体的知是聚焦和有目的的，行动也是有选择的。图 5-1 体现了阳明心学中知 - 信 - 行三者的辩证统一关系。

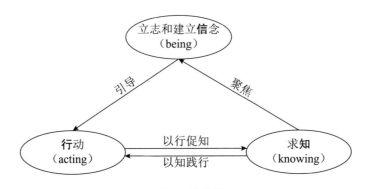

图 5-1　信知行的落地和运用

组织理论大家巴纳德先生从组织的本质和管理者职责出发，认为管理者的自我有以下几个特点：第一，和主体在组织与岗位上的活动或行为有关；第二，心理因素，主要是管理者和环境互动的产物，实际上，管理主体所经历的社会事件和所处的文化氛围，对其心理活动的影响很大；第三，人的选择能力实际是有限的。巴纳德认为人沿着特定目标进行反复的、长期的努力，能够获得意志的自由。相反地，基于随性的、泛滥的和无序的自由意志，反而是无效劳动和悲剧的来源。巴纳德还特别提醒到，管理者在进行自我建构、自我成长和自我实现的过程中，要警惕以下几个方面，第一，对"问题"错误的界定，即在不同场景中，要学习洞察主要矛盾，学习抓住本质，并因此能够正确地"界定问题"。第二，人的注意力和精力是有限的，要注意聚焦和选择做有益的事情。第三，要警惕过度的乐观主义和对权力的迷乱。第四，不要过于从众和人云亦云。从上面的阐述可以看出，阳明先生和巴纳德先生对"人"本质的看法具有异曲同工之处。它们对管理者学习具有指导作用和引领作用。

5.1.2 反思和反思学习

对"自我"有了理解以后，我们再来看什么是反思以及如何反思。从字面上看，反思是折叠、倒过来看的意思。反思是管理主体的思维活动，也是一种习惯。其对象包括自己的经历，或是别人的间接经历。它既可以是基于自身经历的总体性省查，也可以是对自己某些观点和行为的检讨。作为管理主体，尤其是高管，也可以将自我反思加以扩大，变成集体反思或复盘。反思一定是自觉的、有意识的和自愿的行为。

在我国文化里，反思又被称作复盘。复盘是围棋术语，最初是指在对弈双方结束对弈后，通过重摆对弈过程还原对弈场景从中发现当时的对错。这个过程有助于对弈主体吸取经验教训，在后面下棋的时候获得成长和进步。在企业管理的场景中，复盘或者反思作为一种学习方法，指的是管理者或团队，在已经完成的事件中通过对事件的重新演练，分析当时情境中的目标、制定决策时所考虑的要素、决策执行过程、决策结果监督等来发现其中的问题，通过总结分析，获得新的认知体系，并指导未来的组织发展与行动实践。

无独有偶，明茨伯格先生也坚持认为管理者对其自身经验进行反思以后，往往能够获得最宝贵和最有用的知识。赫胥黎更是深刻地指出经验并不是指所发生的事情，而是指用什么态度对待发生在自己身上的事情。通过反思，最大的好处就是管理者对自己有办法。这是最难的事情，也是最有价值的事情。对自己有了办法，管理者能够避免灾难和陷阱。更重要的是，在面向乌卡世界和动荡环境的时候，反思还能够帮助建立正念、锚定使命和提供能量奔赴未来！除此以外，反思的价值还体现在以下几个方面：首先能够帮助管理者建立自知之明。通过反思，管理者能够清晰地认识自己的个性、情绪、优点和盲点等；捕捉到自我设限和固定思维的局限；同时警惕过度自恋和自大的倾向。其次能够更好地理解他人，并寻求到和他者进行共情与联结的方法，更有效地沟通和领导团队。最后厘清思维盲点和误区以后，管理者能够把握系统思考，在不同层次的事物之间建立联结和联系，学习从整体视野看局部，并做到抓大放小，更有效地解决问题。

管理者进行自我反思的过程中，学习运用双环学习方法是较为有效的。双环学习是组织学习专家克里斯·阿吉里斯提出来的。双环学习对应的是单环学习。单环学习指的是主体基于现实和现有问题进行分析并采取措施加以解决的过程。这一过程较为直接、线性和机械，对于管理者解决"技术性"的问题相当有用。但这一学习方法的弊端是容易流于线性和机械重复。尤其是当管理者面临复杂性问题或者适应性问题的时候，如果沿用单环学习方法，就会导致管理者产生"习惯性防卫"的心理。久而久之，管理者可能顽固秉持"刺激-反应"的机械模式，而不能做到因地制宜和实事求是。基于此，阿吉里斯又提出双环学习方法。双环学习就是强调对造成现状原因的"反思"，并从自身出发进行反思，即"向内求"。这一方法要求管理主体对问题背后的假设进行质疑和再审视。通过反思、重构问题、讨论、教练、倾听的技术，管理学习主体能够在"应然"背后找到"所以然"。当管理者进一步深究问题背后问题（questions behind questions）的时候，就有可能克服"习惯性防卫"所造成的认知盲点、误区或障碍，并能够从其深层假设、思维惯性、情绪领域找到更贴切的原因。从本质上讲，双环学习可以帮助管理主体"祛邪扶正"，回到初心、找到正念，并做到真正的改进和学习。图 5-2 为双环学习模型。

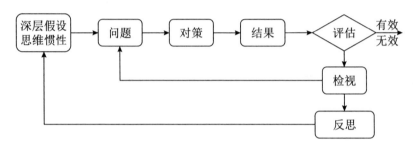

图 5-2　双环学习模型

在具体的反思过程中，管理学习者还需要注意管理的阶段性、反思内容和方法以及反思目的等。这里以研发部门中层管理者为例。在担任了半年时间研发部门负责人以后，中层干部小张感觉非常疲惫，他总觉得手下的人并不听指挥，而且团队的凝聚力不尽如人意。为此，他在公司 HRM 专家中心老李的辅导下，进行了复盘和反思：首先老李请小张对中层经理的职责进行了回顾，其中有五点：订目标、带队伍、做辅导、出绩效和优文化。接着老李请小张复盘自己过去半年的时间安排情况。如果将时间和上述职责进行对应的话，各自的时间安排是什么？经过回忆，小张发现自己 60% 的时间集中在和队员做任务、赶进度上，而在辅导他人、优化文化等方面花的时间不超过 20%。反思至此，小张开始有点理解为什么公司总在强调能力素质之类的事情，不是虚的，而是非常实在的。通过教训和"跟头"，小张体悟到管理者的责任是帮助成员成功，而不是自己个人的成功。这个"出乎其外"的过程帮助小张进行了"折射"，他将自身经历作为学习的原料，以时间分配作为反思的媒介，发现了过去自己思维中的盲点和误区。有了前面几个步骤的输入，小张接着主动问老李：哪位是同期提拔的绩优中层经理？他提出想以身边的绩优者为榜样，在未来 1 个月内先对自己带队伍的行为进行修正。图 5-3 体现了经理人员反思学习过程中的几大关键点。

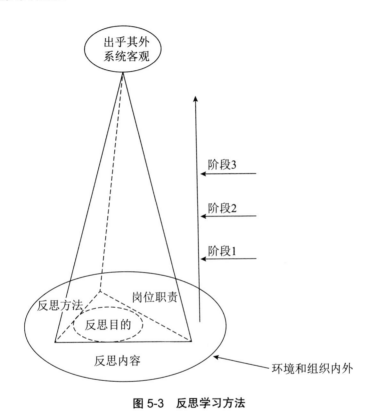

图 5-3　反思学习方法

5.1.3　反思工具：约哈里之窗

20 世纪 50 年代，社会心理学家约瑟夫·勒夫特（Joseph Luft）和哈里顿·英格拉姆（Harrington Ingram）提出了理解自我和增进关系的理论模型，用两位研究者的名字合体命名，就叫"约哈里之窗"。该理论通过两个维度即自我披露和反馈，将人的自我分成四个区域（又名窗口），如图 5-4 所示。

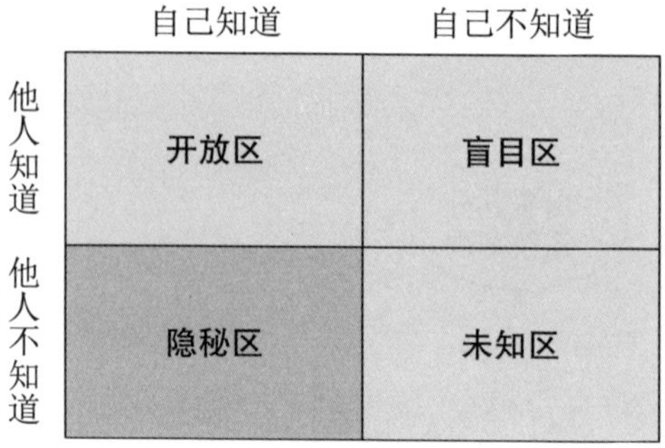

	自己知道	自己不知道
他人知道	开放区	盲目区
他人不知道	隐秘区	未知区

图 5-4　约哈里之窗

约哈里之窗把自我分成四个区域：开放自我、隐秘自我、盲目自我和未知自我。开放自我表明"自己知道、他人知道"的内容，如关于人的基本信息，姓名、性别、年龄等容易被他人获悉的信息。隐秘自我代表的是"自己知道、他人不知道"的，如不愿意与他人分享的隐私等。接着是盲目区。这是"自己不知道、他人知道"的信息，比如自我的优缺点等，也是所谓"当局者迷、旁观者清"的部分。最后是未知区，即"自己不知道、他人不知道"的方面，如人的潜能。

约哈里之窗对于管理者进行自我建设、自我反思和自我重构有价值。管理者是公共性角色，其一言一行都会被不同"他者"加以解读和诠释。以管理者进行内部关系管理为例，要注意隐秘自我的区域不能太大。如果让下属对自己摸不着头脑，或者下属感觉管理者总是神神秘秘，话也说不完整，管理目标不明确的话，下属就很难对管理者产生信任，更谈不上共鸣。对于身处高管职位的管理者，则要注意自身盲目自我的"区域"。如果管理者一直处在权力中心，再加上企业外部经营形势比较好的话，他们很容易将公司绩效的功劳归于自己，并产生"自恋"和"自大"心理。在这样的情况下，他们不会反思，也看不到自身的短板和虚妄。但是，周围的人对此却看得很清楚。在这种情况下，部分下属为了迎合"盲目"高管，总是说其爱听的话。久而久之，高管就成为"信息孤岛"，很难听到组织创新或者有关组织挑战方面的真实信息。如果信息掌握不客观、不全面，高管就容易出"昏招"。

除此以外，这一工具还有助于管理者在进行关系建设的时候寻求到有价值的反馈。它对管理者发现自我盲点、突破思维局限和挖掘自我潜能也有价值。在运用过程中，要学习适度约束盲目自我和隐秘自我区域，并放大开放自我区域。因为开放自我要求自己有定力，同时又开放。这种同时具有开放性和稳定性的自我，能够让他人感觉到真诚和可靠，并会衍生信任感。

如何建构和扩大开放自我区域呢？首先要注意适度的自我披露，即将组织目标、岗位要求、约束条件、共创共享等信息坦率地告知利益相关方，尽量压缩隐秘自我的区域。自我披露一方面能够拉近和交往方的心理距离，另一方面能够提高自己的可信度。当然，这里面的尺度和分寸要把握好，尤其是要避免过于私人化的话题，也需要考虑沟通接收者的接受程度和感受等。其次要主动寻求反馈。对于管理者而言，主动反思和主动寻求反馈，能够帮助自我认知盲目、虚妄、自以为意等。有效的反馈有助于看清自己的不足和值得改进的领域，并压缩"盲目区域"。比如新晋的管理者，要善于向更优秀的管理者寻求帮助和指导。著名社会心理学家沙因认为，越善于寻求反馈的人，其自我建构和突破的可能性是越大的。最后，要善于寻找"重要的他者"，帮助自己去寻找有价值的方向、过程中学习抓大放小，同时也可以以人为镜，明确自己的优势和劣势，和更好的自己相遇！图 5-5 为开放自我的构建。

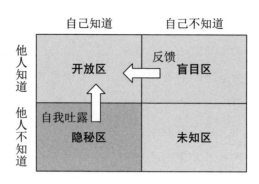

图 5-5　开放自我的建构

综上所述，从三维管理学习角度看，管理者学习和提升自我反思力可遵循以下几点：

第一是立志，即秉持的原则、立场、信念等。这里以高管的 being 为例，内容有组织目标、组织立场和组织对环境的社会责任等。因为组织处在变化的环境中，高管的 Being 又是调节和动态的，这里的信念既有初心和原则，也有动态的调整和补充。

第二是行动和实践。管理是实践。管理者总是需要直面各种问题和有效解决问题！从前面章节的案例中，可以了解到无论是曹德旺、任正非，还是黄奇帆、郭利民等，正是他们的经历和阅历以及做的事情造就了他们自己。在长期担任管理职务的过程中，长年累月地面向问题、分析问题和解决问题，使得他们的经验丰富、人情练达、韧劲十足。他们所处的时代、和组织或和企业的互动互构、和周围不同人群的共舞共创共情，帮助他们持续优化自我和自我实现。

第三是求知和探索。管理者的成长和自我实现离不开知识的装备。优秀的管理者无一不是读书高手和学习高手。他们孜孜不倦地向历史学习、学习哲学、学习专业、学习他人的优秀做法等。正是对知识的拥抱，帮助他们不断拓宽认知边界、掌握企业经营管理者的基本原理、统一管理语言，并将组织中的案例、项目等隐性知识转化为显性知识。

5.2 高阶反思和整合思维

"高管"是指在组织系统中被选拔至高管职位的"少数人"。他们的职务权力大、得到的信息多、面临的问题复杂、和环境中不同利益相关方的互动、共演、共情的要求较高。自我反思对其来说,既是总结经验模式的好方法,也是梳理自身情绪和优势的好契机,更是避难和致良知的不二法门。在战略洞察力和关系共情力部分,我们提到高管职责主要在于预测未来、定义现实和平衡矛盾等几个方面。那么在高管自我管理过程中,其自我反思力的内容和方法也是和其岗位价值观以及职责要求密不可分的。下面这一部分介绍高管自我反思力的学习、建设和升级策略。

5.2.1 提供希望和勇担责任

在第 1 章中,我们提到三维管理学习的七大模式,见表 1-1。对于高管而言,致良知的习惯养成是较为关键的。具体到管理场景,尤其是新冠肺炎疫情以后的组织经营管理过程中,高层管理者的自我反思力是更为重要的!它能在危机中为员工提供希望、和员工共创未来。

新冠肺炎疫情、全球贸易形势变化、数字化技术的发展等外部因素迫使企业组织和管理决策者快速反应和应对。《危机环境下的领导力:沙克尔顿的领导艺术》一书所介绍的沙克尔顿带领队伍走出困境的事迹,能够给身处当下危机中的决策者以启发。在这本书中,作者指出危机场景下,决策者在信念、目标、人际关系处理和行动等方面要做到以下这些,才能够给团队提供希望并最终走出困境,实现可持续发展。首先是强化命运共同体的信念。危机当下,"我们"要有生死与共的认同感,同时也要注意缩小地位差距,坚持彼此尊重。与此同时,还要注意集中精力实现短期目标。其次，在氛围营造过程中，一方面坚持向团队成员传递乐观和自信的精气神；另一方面要努力控制冲突，包容异己，避免无谓的权力争斗，以保存体力和精力，一致对付外部的挑战。最后，在日常活动过程中，树立可见的、打眼易记的和能够激发共鸣的榜样力量。

在不忘初心的自我修炼过程中，高管还要注意近年来越来越受重视的"负责任的管理"。近年来，领导力研究对负责任的领导力（responsible leadership）的关注越来越多。这和乌卡形势、动荡的经营环境息息相关。人们越来越盼望价值的回归。在德鲁克看来，企业组织是经济主体，更是社会主体和政治主体。企业的经济性体现为有效率地完成成果，赚取利润，实现可持续发展。企业的社会性体现为通过雇佣模式、培训制度、绩效制度、分配制度等设计来帮助员工利益得到保障、职业得到发展，并体现组织的公平性。员工通过组织社会化过程，能够在企业中找到归属感和安全感，这样也能促进社会的稳定与和谐。企业的政治性是帮助员工感知公正，并促进员工成为好员工和好公民。在企业管理过程中，通过利益分配和激励机制的设计来营造公平公正的氛围。

经历过百年风雨的林肯电气公司，其创始人詹姆斯·林肯就是一个善于平衡经济性、社会性和政治性三方力量的高手，而且是负责任的领导人。他在履行董事长职责的时候，会经常穿着工作服出现在车间，并熟悉公司每一个环节的运作。与此同时，他还特别注意通过制度设计来保障员工的权益和职业发展。早在1914年，詹姆斯就组织成立了职工顾问委员会。这包含了各个部门和各个层次的员工。委员会讨论公司从战略、制度到各种琐碎的事务。作为组织代言人和"外交大使"，高管负责任的管理无疑是促进组织可持续发展的法宝。

除了上述正向价值导向和坚守初心原则以外，高管修炼反思力的时候还要注意预防"自恋"倾向。

"自恋"的概念源自希腊神话。年轻男子纳西索斯（Narcissus，即水仙花）是个拥有旷世美貌并迷恋于自己美貌的人。一天，他爱上了自己在水池中的倒影，并最终因过度自我关注而死亡。"自恋"现象被心理学家弗洛伊德所重视。他认为"自恋"包括自我崇拜、自我扩张和将他人视为自己的延伸。在管理场景中，"自恋"的内涵包含管理者表现出来的优越感、权力感和对关注和赞赏的持续需求。

自恋型高管天生大胆，而且容易感到无聊，青睐于寻求各种富有刺激的、极端的、宏大的和丰富多彩的叙事与动作。他们对谨慎或渐进的行动不感兴趣，在战略定位上偏好动态和宏大，而不是渐进和稳定。比如惠普前CEO卡莉·菲奥莉娜热衷于并购，并且非常善于自我宣传，但公司业绩并不如意，最后被董事会辞退。自恋型高管为了满足持续的自我肯定，在提拔干部的时候倾向于找为自己唱赞歌的人，这可能导致集体决策偏颇行为。为了显现自己的成就，自恋型高管有时候会将公司业绩完全归功于自己的领导力和管理能力。当然，在企业组织发展的不同阶段，自恋型高管对企业的绩效影响程度并不相同。在初创期和快速成长期，自恋型高管的杀伐果决和主动破局的特质也可能是利大于弊。但是，对于系统成长期的企业来说，这种类型的领导力可能又是弊大于利的。

对于企业组织来说，要注意考量高管的人格特征，同时也要考察企业发展的阶段，以寻找合适的领导力风格来协同组织力量，促动目标的实现。另外，也可以通过绩效反馈和高管进行沟通，帮助其缩小盲目自我的区域，学习将"小我"和组织"大我"进行有机结合，追求更好的自我。图5-6为高管学习反思示意图。

图 5-6　高管学习反思示意图

5.2.2　反思工具：整合思维

在前面两章，我们阐述了高管在处理组织和环境的关系以及和组织内外部各种利益相关方关系的时候所面临的挑战、矛盾和机遇。基于其职责要求和组织使命，整合资源、整合人马、整合自身能力是其获得绩效的关键点。整合（integration），在管理中一直是非常核心又本质的东西。管理学先知玛丽·福利特认为，整合是以连贯的视野、统一的组织和整合的系统把事情组合在一起。著名作家菲茨杰拉德也指出一流的智商和情商，取决于头脑中同时存有两个互相矛盾的想法但还能继续思考的能力。在高管进行决策的时候，事情有时会陷入死胡同，但他们仍然有决心和有能力来扭转局面。整合是艰难的，但又是趣味盎然的。

从哲学的角度看，整合思维类似于道家的阴阳平衡。当主体面临问题的时候，不用黑白分明的对错思维和绝对内外或敌我的两极进行划分。比如在关系共舞中，管理主体和利益相关方合理交往的法宝往往蕴含在自己和"敌人"或"对手"的关系中。在整合思维看来，对立是由两个相互依赖的相反事物所构成的。它们彼此定义，是构成整体但又相互作用的关键组件。管理主体通过学习整合思维，能够提升对事物整体的理解、培育合理对待矛盾的态度、调整思维立场和重构经验，以便更好地分析问题和解决问题。

这里尤其需要关注的是：整合不是"和稀泥"。它意味着主体能够超越对立的（非黑即白）的观念，同时又不一味追求理想化的统一。在过程中，主体能够采用探索和包容的态度，对差异或多样化加以认知和处理，并能够辨认事物间的相似度和交互关系，找到合适的策略来对问题加以解决，或者适度搁置问题，或者在等待或盼望中寻求机遇。

加拿大学者罗杰·马丁清晰化了整合思维的内涵，并明确了提升整合思维能力的方法。这对高管和其他管理者进行反思是有价值的。

首先，通过将局部思维和整合思维进行对比对照，能够更清楚地了解和掌握整合思维的四个构成要素，即关键变量、变量间的关系、看待问题的立场以及解决方案。表 5-1 为局部思维和整合思维的对比。

表 5-1 局部思维和整合思维的对比

局 部 思 维	整 合 思 维
只关注明显相关因素（表面的因果关联）	寻找虽不明显但有潜在相关关系的因素
单向思维：更多的 A 会带来更多的 B	多向并考虑变量间的非线性关系
将问题分成若干部分，分头决策，并按照先后次序决策	从整体思考问题，研究各个部分之间的关系，并考虑各个决策之间的互相影响
进行二选一决策，并满足于眼下的决策	创造性地化解对立性的矛盾，思考令各方满意的决策，并进行持续改良和反馈

其次，可以看到局部思维过程类似于前文提到的单环学习。局部思维总是强调效率提高的重要性，并为此不惜简单化问题。在思考或反思过程中，主体还会尽可能去排除干扰因素，只是在有限范围内作出决策。局部思维者很容易从浅显和表面化的原因中寻找"自以为意"的结论。然而，整合思维者却不一样。他们更愿意接受管理性事务和现实固有的复杂性，

并善于拓宽变量的选择范围。他们能够区隔混乱和复杂。最重要的是，整合思维者在寻求解决方案的过程中，会进行大量的权衡折中，找到合理的"灰度"来推进事物的进程。

最后，整合思维者的典型特征有：第一，现有模式不等于现实。这就意味着他们不是教条主义者，能够实事求是和因地制宜地去洞察形势、抓主要矛盾。第二，善于利用相互对立的模式，借力打力。整合思维高手犹如杂技演员，在动态中求平衡，而不是静态地等待平衡的来临。比如在干部管理过程中，有的企业面临老人和新人的矛盾，善于整合的管理者会通过配置岗位、创造发展空间、设计薪酬制度、营造良好氛围、淘汰出局以及传播意义等方法，多管齐下和造势布局，借力打力并促进不同群体员工和组织同步发展。第三，相信一定有更好的模式存在。近年来，我国在企业国际化的进程中，遭遇美国政府对我国高科技企业"卡脖子"事件。我国企业主动寻求方案，主动和其他国别的科学家进行深度合作来寻求解决之道。对未来的不可遏制的乐观主义，相信有更好的模式存在，是整合思维者的典型特征。第四，"我能找到更好的模式"。拥有整合思维的人奉行"办法总比困难多"的原则，他们很少自我设限和自怨自艾。在第 2 章提到的台山核电创新的事例中，郭利民董事长和他的团队就是秉持这样的精神。郭董事长认为这就是新时代的"长征精神"。他孜孜以求更好的模式，并成功解决了疑难问题，在相关领域获得国际同行的认可和尊重。第五，向复杂空间探索。整合思维者在面向数字化转型等复杂性问题的时候，不会轻易说"不"，也不会轻易言败。美的董事长方洪波在支持企业进行数字化转型并建构数字孪生商业模式的过程中，就是坚持用对的人、投入资源来探索复杂商业模式。其对原则的坚守、对趋势的拥抱、对同事的信任和过人的勇气，是公司转型成功的关键。第六，给自己留出时间进行探索。拥有整合思维的管理者，对复杂性、不确定性、模糊性和易变性的事物的反应也是较为恰当：既热情，又冷静；既求变，又不变；既躬身入局，又出乎其外。这就意味着整合思维者在身、心、灵三方面给自己空间、时间和观察的机会。

5.3 中阶反思和系统思维

5.3.1 落实和执行

中层管理者作为企业组织中的腰部力量,是战略承接和落地的生力军。与此同时,他们也是带领团队取得业绩的操盘手。以职能中层管理者为例,他们需要同时应对多部门和多维度的沟通协调,才能做好落实和执行工作。基于中层管理者的岗位价值和职责要求,中层管理者在自我管理这个层面,除了履行职责以外,还要有主动性和创造性,要像导演一样,需要对组织场景中的目标、关系、资源、制度有全方位的理解,才能够技高一筹,顺利完成战略落地和实现部门 KPI。

这里以一位新晋的李姓中层管理者的经历为例来说明。李经理在一家知识密集型公司工作已有 8 年。2022 年年初,其因为在基层岗位优秀的绩效,被提拔为公司研发部门的负责人,属于中层干部。经过一年"革命加拼命"的努力,李经理却在 2022 年年底绩效评估中被评为 C。这样的评估结果令他非常震惊,他认为自己没有功劳也有苦劳。难道领导不知道他经常加班到晚上 10 点才回家吗?难道周围同事看不到他承担了本部门 70% 左右的工作吗?李经理思考再三,还是想当面问一下顶头上司,是因为什么被评为 C。本来满怀失望的李经理想找领导抱怨,结果却被上司又说了一通:"你现在是干部了,要学会让别人做事情,要学会带队伍,要学会做协同，你要有外部视角……"李经理郁闷到了极点，他甚至想要因此而离职。

这种似曾相识的场景，相信不少新晋的管理者有共鸣吧。在刚刚担任中层干部的时候，"李经理们"因循经验，比较依赖以前的工作习惯，信奉实事实做的原则。新任经理希望其他人都和自己一样敬业能干，他们对多样化的认识不足。除此以外，他们还倾向于认为只要是问题，就应该有标准和唯一的答案。实际上，在基层岗位上的时候，任务完成和个人贡献是较为重要的。在基层场景下，管理主体集中于局部的"问题厘清、分析问题和解决问题"就可以了。但是，升职为中层管理者以后，能力要同步升级，其工作逻辑要变成"问题厘清 - 抽象化思考并将问题类型化、目标化和指标化 - 沟通和传达要求 - 辅导促动和交付 - 解决问题"。这中间多了三个新的环节：归纳总结、目标化和沟通协调。原来以任务为导向的工作习惯要转变成以目标为导向的管理模式。中层干部要依据组织目标和部门目标，去寻找、理解、分析、拼凑甚至建构相关信息，以便作出符合现实的决策。与此同时，还需要通过动员、谈判、吩咐、命令和指导不同岗位上的人，才能做到"让人做事并出成果"。更重要的是，要借助组织这个平台，梳理和本部门人、事、目标有关的制度、政策，并学会活学活用，才能找到管理的窍门。

5.3.2　反思工具：系统思维

爱因斯坦说过，在同一个层面遇到的问题，是很难在同一个层面找到答案的，而是要到更高的层面才能找到解决问题的答案。当中层管理者面对技术性问题或者简单问题的时候，一般能够很快找到答案。但是，当他们遇到复杂问题或者适应性问题的时候，往往容易一筹莫展并会深陷其中。"盲人摸象"实际是缺乏系统思维的中层管理者的真实写照。

彼得·圣吉在其专著《第五项修炼》中提到构建学习型组织需要五项修炼，分别是系统思考、自我超越、心智模式、共同愿景和团队学习。其中系统思考被称作"第五项修炼"，它综合了其他方法，占据主导性地位。系统思考是中层管理者可以学习和培养的能力。

《系统之美》的作者梅多斯认为，系统是一组相互连接的事物，在一定时间内以特定的行为模式相互影响。它包含三个构成要件，分别是要素、连接（机制）和功能或目标。比如，大学是一个系统，建筑物、学生、教师等是要素；它们之间通过教学等机制产生连接；目标则是传播知识、培育人才。系统的核心是"整体大于局部的组合"。

系统具备适应力、自组织和层次性三大特征：首先是"适应力"，指的是系统在多变的环境下也能保持自身的存在和运作的能力。比如生态系统包含多种物种，这些物种具备"学习"和进化的能力，充分利用各种变动的机会获得生存和发展。其次是"自组织"，这是指系统所具备的能够使其自身结构更为复杂的能力，系统的这种特性会产生异质性和不可预测性，即系统可能会演变出全新的结构，发展出全新的行为模式。最后是"层次性"，指的是系统和子系统之间的包含与生成关系。一个大的系统通常会包含很多子系统，子系统又可以分解成更多更小的子系统。

系统具体有两大回路，一是调节回路：不论系统中存量的初始值如何，也不管它高于或低于"目标"状态，调节回路都会将其引导至目标状态。比如：开始时，你精神饱满地工作，工作一小时后你感到疲惫，于是想要喝杯咖啡，喝下咖啡后精神再次振作，此时你的精神水平就被重新调整到了刚开始工作时的状态。这就是调节回路在系统中的作用。二是增强回路：强化系统原有的变化态势。比如：你在银行账户里的存款越多，你获得的利息就越多。增强回路的作用是，增强系统原有的变化趋势，如果趋势是变好，接下来会变得更好；如果趋势是变坏，系统将会变得更坏。

掌握了系统的内涵和特征，能够帮助我们更好地提升系统思考的能力。

提到系统思考，与之相对的则是传统思维或者说是"线性思维"。线性思维是一种直线的、均匀的、单一的思维方式，一切都随着初始条件的给定而定。简单复制过往经验、推断未来，用已知结果得出单一原因，认为事物的发展变化是匀速的，认为单一因素即可导致某一结果，将局部结论直接用于整体等特征。表 5-2 归纳了线性思维和系统思维的典型特征。

表 5-2 线性思维和系统思维的典型特征

维　度	线性思维	系统思维
思考的深度	关注于个别事件	目标或整体驱动，认清事件背后潜在的"结构"
思考的空间	局限于本位	关注动态关联的要素、机制和目标功能；多层次考察
思考的时间	以静态的方法观察线性的因果链	以动态的方法分析因果之间的相互关联，看清事物的来龙去脉和发展脉络

中层管理者在训练自身系统思维的时候，要注意以下几点：

第一，警惕线性思维。线性思维的人一般都是割裂、局部、机械和静态地来看待管理问题。他们认为单一因素即可导致某一结果。比如"我是名校毕业的，毕业后肯定能进世界 500 强。""你是东北人啊，那一定很能说笑话吧。""只要我读了博士，就能留校当老师"。

第二，要学习从整体来看待局部。欧洲学者弗雷德蒙德·马利克先生认为整体大于部分之和。高阶（整体）是以低阶要素为基础的，但不能简单依据低阶要素的特征来解释高阶的状态。管理应该是整体性的，其本质是在动态变化的环境条件下，保持平衡状态或稳定状态的科学手艺加艺术。管理者需要借助"控制和调整"来展开管理过程。在企业组织的场景中，控制是通过信息和沟通，对一切有生命的或者无生命的部分进行控制和自我控制，以便建立秩序，并为成员提供方向感。调整则是依据规则或政策设计，帮助系统发挥能力。一个系统自我调节能力越强，则效能越强。

第三，要学习从动态的和联系的角度来管理问题。管理者需要关注系统中不但有存量，还有流入量和流出量，同时还存在反馈回路，包括调节回路和增强回路。在进行系统思考时，主体需要审视系统的存量和流量变化，还需要审视系统中存在的各种回路，有时并不仅仅有一个调节回路和增强回路，会出现多个调节回路和增强回路，而且它们之间还会相互影响。

第四，如果想对系统作出改变，就要找到整个系统的"杠杆点"。杠杆点是说在系统中的某处施加一个小变化，就能导致系统行为发生显著变化，起到四两拨千斤的效果。

第五，通过系统思考的训练，管理者能够做到在点、线、面、体之间找到内在联系，做更好的管理者。

5.3.3 夯实自身素质

素质是指的是帮助管理者达到高绩效的综合性能力，如知识、经验、自我形象、个性、态度和价值观等一系列的组合。这一管理工具对中层管理者提升自我反思能力、技能再部署以及经验重构有很大的指导价值。

美国心理学家麦克里兰基于其对美国外交官选拔标准的研究，提出了著名的"冰山模型"：露出海面的那一部分是外在的、能够被观察到的和被评价的，如一个人的技能、知识和经历。它们是容易了解与测量的部分，而且也较容易通过培训学习来改变和发展。对于中层管理者来说，这个冰山上的部分是必要的，但不是充分的。在冰山底下，深藏的部分是更为深厚和坚实的。其中有自我形象、个性、动机和价值观等。它们难以测量，但它们对管理者的行为与表现起着关键性作用。另外，水面下的要素是管理者可持续驱动力的关键来源。如图 5-7 所示。

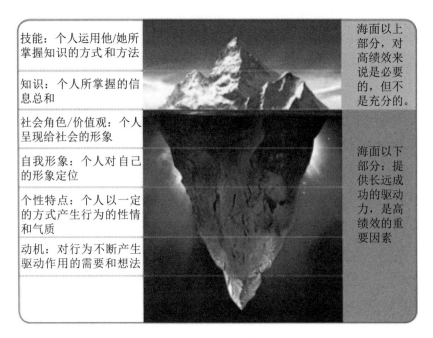

图 5-7　冰山素质模型

对于中层管理者来说，尤其要关注自身的动机，以及个人动机和组织目标、岗位职责的有机联结。动机是能力素质冰山模型最基础的部分。动机激发主体对目标进行持续、反复的关注。动机决定主体行为的方向、强度和耐力。在企业组织的场景中，动机分为三种，即成就动机、亲和力动机和影响力动机。

成就动机指的是个人偏好于持续提升自己的工作表现，并希冀达到或超过卓越的标准。当成就动机表现强烈的时候，个人会下意识地关注"我"比别人表现更优秀、更出色。这里的"别人"可以是某种卓越水平的代表；达到或超过自我设定的卓越标准；追求新的、独特的或革新性的工作，并希望达成出色的成果。除此以外，成就动机强的人还善于为个人职业进步做长期规划。

亲和力动机指的是个人偏好和周围的人建立保持亲密、和谐、友好的人际关系，并会避免去损害和谐人际关系。亲和力动机强的个体，会下意识地关注如何建立、恢复或保持和谐友好的人际关系，希望被别人喜欢或接受；在与他人分离或有矛盾之后，希望尽快恢复和别人的良好关系；看待集体活动积极正面，把集体活动视为与别人交往的机会，而不是负担。

影响力（权力）动机指的是善于对别人产生或施加影响。当影响力动机被激发时，个人会下意识地去关注影响他人的强有力行为，甚至是侵略性或者干涉性行为。他们会不请自来地为别人提供帮助、建议或支持，不管对方是否需要。除此以外，他们还擅长通过限制别人行为来进行调节和控制等。权力动机强的人比较重视自己的名声、地位或实力。

对于中层管理者而言，冰山素质模型这一管理工具对其提升自我反思力有价值。在夯实和提升自己综合素质的时候，要注意以下几点：

第一，要关注组织目标以及组织不同阶段对于干部核心能力的要求，并将自己的能力素质和组织核心能力进行匹配。在中华人民共和国刚刚成立的时候，外交部要选一批干部，其选拔标准不仅需要外语能力过硬，更需要对党和国家忠诚。这种忠诚的素质就属于核心能力。

第二，要基于组织目标、岗位责任，对自身的能力进行再部署和再优化。而不能自己擅长什么，就做什么。德鲁克说过，管理者在承担责任和履职的过程中，要始终思考三个问题：什么事情要开始做？什么事情要继续做？什么事情不再做？基于这三个问题，进行时间的合理安排和分配。

第三，要进行自我分析和自我理解，并通过实际发生的事件、绩效评估反馈、组织培训机会等识别自身擅长的动机类型。在知己的基础上，找到部门和岗位之间的动态匹配。这样既能够助力自己成长，又能够提高效率，帮助组织获得绩效。卢梭说过，强者不是无所不能，而是能够将经过验证的长处加以复制。

第四，要注意素质能力的动态发展。在新经济条件下，人和组织的关系除了就业和失业以外，还有很多中间状态，如零工、小时工、合同工、顾问、教练以及各种按需组合的人岗匹配等。中层管理者要学习在不同的岗位之间进行切换和组合。一方面要围绕自己的"职业锚"来积累、打磨、拓展和升级专业能力；另一方面要经常反思经验，反求诸己。基于自己的人生使命，来重构自己的技能和升级知识结构。

第五，面向未来和发展，管理者要注意自己软实力的积累。在心智模式、动力韧劲方面打磨自己，做到身、心、灵三者的平衡。图 5-8 为中层管理者学习自我反思力的三个方面。

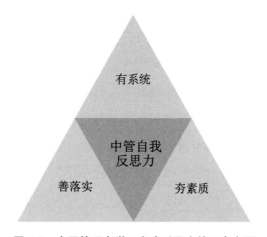

图 5-8　中层管理者学习自我反思力的三个方面

5.4　自我反思和心智模式优化

海费茨教授在《并不容易的领导艺术》一书中指出，在这个时代和未来，管理者遇到的问题大都是复杂性问题或适应性问题，而不仅仅是技术性问题或者马上就能找到标准答案的问题。在处理这类适应性问题的时候，需要领导者有意识地建立"内观自变"的心智结构。既需要反思过去，还需要面向未来，又要能够解决问题。管理者反思能力的提升和心智模式优化密切相关。

心智模式指的是人在社会化过程中所习得的关于世界的"心灵地图"。它是主体关于自己、他人、组织以及世界的图式和假设（schema and assumptions）。当管理主体的心智模式是开放的、灵活的、和情境中的客观性相对一致的时候，他就能够较好地把握机遇和有效行动。但是，如果这些图式或假设是封闭的、僵硬的并与客观规律和"中道"相去甚远的时候，管理者就很容易碰壁并感到沮丧和无力。这样管理者就也很难激励自己，也难以激发团队，管理效果会大打折扣。

明兹伯格认为管理者的心智模式要围绕其管理对象来进行建设和塑造。他提出五个方面的心智模式修炼较为重要。第一是管理自己的时候，要注意反思心智模式；第二是管理组织的时候，要注意分析心智模式的打造；第三是管理关系的时候，要注意练达心智模式的建立；第四是管理场景的时候，要注意练达心智模式的习得；第五是管理变化的时候，要有变革心智模式。其中反思是贯穿始终的。他认为管理者通过自身经验、以人为镜、实地学习、创新突破等媒介，都能够进行反思和复盘。同时，结合教练、催化、私董会等结构化过程，能够帮助管理者建立和重塑更合理的心智模式，做到更有效地分析和解决管理问题。

在《领导者的意识进化》一书中，作者按照人的心智复杂度将心智模式分成四个层次：以我为尊、规范主导、自主导向和内观自变。以我为尊的心智模式是只看到自己观点，无法建立和周围积极力量的联结。自身的使命和"志向"模糊并迷信"权威"人云亦云。规范主导的心智模式，是能够运用别人的观点，但较为迷信别人的价值观。对"权威"较为顺服，很少质疑。自主导向的心智模式，是主动理解他人观点，开始建立属于自己的价值体系，和"权威"的关系变得多样化，既有合作，也有对抗。内观自变的心智模式，则有自己观察世界的视角，并不认为"权威"是铁板一块不可撼动的。相反，内观自变心智模式的人，认为权威蕴含在不同事物相互作用的过程中。图 5-9 为心智模式的发展和优化。

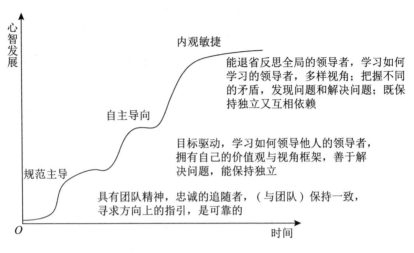

图 5-9　心智模式的发展和优化

在企业组织的场景中，属于规范主导和自我导向心智模式的人应该是占多数的；少数管理者属于以我为尊；更少数的管理者拥有内观自变的心智模式。随着数字化时代的到来，社会和组织的转型、敏捷化和适应性组织的兴起，心智模式的学习和优化，对管理者的价值被提上议事日程。在目前变革的时代，对管理者自我管理和进步提出更高的要求。领导者的"意识进化"和提升心智结构，在其面对复杂的和不确定环境的时候，有助于其站得更高、看得更远并做得更好。

德鲁克认为最需要进行管理的地方，不是在工厂，也不是在办公室，而是在于做好自我管理和自我反思。学会自我管理，是人生必修课。在组织场景中，中高层管理者更要学习自我管理的理念、知识和技巧，才能做好管理和领导工作，在长达 50 年职业生涯发展过程中，持续精进和为组织社会作出贡献。

5.5 自我反思力学习方法

管理者具体应该采用哪些学习方法，才能更有效地进行自我反思并获得领导力呢？

第一，对于职场的专业人员和初阶管理人员而言，首先要认知到在职业发展初期，最重要的目标应该是学习有效的工作，即在部门或者岗位获得绩效和成果，取得别人的信任。管理学先知玛丽弗列特说：要学习有效工作，不要太过于计较他人的个性。

第二，要去思考取得绩效的影响因素有哪些，如果取得绩效需要领导、同事支持或者需要获得更多的信息，那么就需要克服"我的地盘我自主"的骄傲心理，要学习整合。对于专业人员而言，学习以任务为导向，来整合资源、信息和时间，做成事情，是其在职场获得可持续发展尤其需要关注的重点。

第三，对于中层管理者而言，反思的重点要放在思维和心智模式的转变上。要学习从单打独斗的人变成会带队伍的人、有目标的人和有包容力的人。对于中层管理者而言，和不同利益群体互动的时候，要警觉自身的你错我对或非黑即白两极心态。也要反观自己框定问题背后的假设，是否狭隘、偏执、虚妄或者局部和教条。除此以外，还要注意自身的情绪管理，不能被自身的本能和冲动所绑架。在这个阶段，最重要的功课就是反思；以身边优秀的管理者为榜样；注意以行促知和以知践行，来提升自己的判断力和辨别力。对上司的指导既能够做好规定动作，也能思考自选动作；既对权威有顺服，又不迷信权威。领导要求进行区分，不可以迷信权威。

第四，高管的自我修炼关键在于"致良知"。位高权重的高管，面临的形势复杂，利益相关者众多。这种场景下，要牢记厚德载物。高管的不忘初心和致良知，既需要定力，也需要毅力，更需要态度。自我反思要作为长期工程和日常工程，是管理者学习过程中尤其重要的事情。反思的目的是帮助管理者牢牢记住自己的身份、原则、立场和保持道德性。要记住"有才无德会坏事，有德无才会误事，有德有才方能干成事"。

第 6 章
数字经济和组织学习

数字经济健康发展有利于推动构建新发展格局,数字技术、数字经济可以推动各类资源要素快捷流动、各类市场主体加速融合,帮助市场主体重构组织模式,实现跨界发展,打破时空限制,延伸产业链条,畅通国内外经济循环。

——习近平

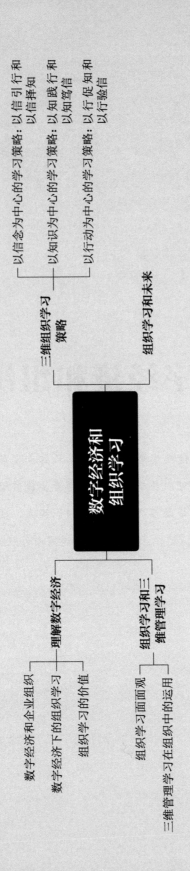

第 6 章　数字经济和组织学习

前面几章里，我们已经提到数字经济，尤其是管理者获得不同能力的过程中，都要关注未来并再部署和优化自身的能力。在第 6 章，我们阐述数字经济的特征，考察其对组织学习的影响。结合三维管理学习理念，介绍三维组织学习的方法。

对企业组织而言，组织学习的目的一方面在于挖掘和满足客户需求，另一方面在于更好地履行社会责任。这些目的都要通过高素质、高能力和高水平的员工队伍才能实现。知-信-行三维管理学习模式，能够帮助企业组织设计更好的学习项目，尤其是从源头上和信念层面确立学习原则。通过建立信念和知识、信念和行动；知识和行动、行动和知识以及知行和信念之间的互相作用，找到更合理的学习策略，提升企业外部适应力和内部整合力。三维管理学习模式从学习主体的认知、信念和行动三方面以及三方面的联系角度出发，提出以知践行、以行验信、知行合一、致良知（负责任的经营管理）等方法，帮助组织主体更好地实现目标和培养员工。这一新型学习模式，能够帮助企业组织在不同发展阶段设计不同组织学习模式，满足知识工作者的学习需求，整体提升员工能力和组织集体战斗力。三维管理学习能够切实可靠地赋能企业组织提高灵活性和适应性，在数字经济条件下，得到可持续发展。

6.1　理解数字经济

6.1.1　数字经济和企业组织

数字化对于企业组织的影响，主要表现为它深刻地改造了企业价值创造的过程。比如B2C（商对消费者）的生意，给企业交易提供了庞大的和终身的蓝海，因为客户变成了用户。用户目标中既有功能性要求，更有社会性要求和审美性要求。再比如B2B（商家对商家）的生意，因为数字化分销-仓储-物流信息充分打通，中间环节被省却。除此以外，独角兽企业从出生之日起，就围绕用户痛点创新商业模式，如餐饮行业的O2O（线上到线下）、酷特智能等公司的商业实践揭示了数字经济的无限可能性。企业通过在客户端、空间端和产品创新端积极寻求创新机会拓展成长空间。企业组织的价值导向日益围绕"用户导向、创新创业和敏捷共创"来感召员工、重塑品牌和打造竞争优势。

数字经济下，员工获得了空前多的渠道汲取知识。员工之间也可以进行知识分享。因为移动互联网反馈和人际互动变得实时和即刻，同时也对其甄别和筛选知识的能力和素质提出更高的要求。员工学习主体必须将信、知和行三维进行统筹。其批判性思维能力、技能的升级和再部署、经验重构的能力以及知行合一能力等，都有望通过三维管理学习模式得以持续提升。

数字经济下，团队或者小组也因为数字技术，沟通和协同变得非常扁平。团队运作和学习过程属于典型的边干边学和边学边干。团队共创、团队学习、团队共享日益成为组织中的常态。团队成员在学习过程中，青睐参与、体验、分享和迅速的反馈，迭代成为口头语。催化、教练、辅导的方式也日渐平常。

数字经济条件下，无论什么样的组织都要进行转型。无论是 2B 还是 2C，还是其他类型的商业模式，都有机会进行创新。我国政府在移动终端、传感器、5G 网络、云存储和算法等方面推行普惠政策，使得数字化在企业中的运用成本降低和条件变得成熟。企业数字化转型成为必选题。研究表明信息技术使得组织学习的内容、方式、时空等都产生变化。企业通过数字化，能够对用户需求、生态共演、组织目标和组织能力进行多方面的重构。比如在 C2B（消费者对商家）的产业里，企业管理出现新形态，如社交化营销、C2B 产品开发、柔性供应链和智能制造等。

这些都对组织学习的原则、策略和方法产生同步影响。总之，企业组织在数字化条件下要主动敏锐地理解和适应环境的变化，提前布局。组织要学习对过往成功的经验不留恋。只有在变化的环境中驾驭机会，重塑自身能力，才能和环境共存共演化。

6.1.2　数字经济下的组织学习

组织学习指的是组织作为主体的学习，属于群体学习。组织学习对组织适应环境、组织成员和组织同步成长有很重要的价值。组织学习既包括企业组织系统中知识体系的生产、共享、应用以及创新，也涵盖组织为了更好地响应环境进行适应性学习的过程，还体现其成员的能力建设和组织能力建设的统筹和一致。组织学习的典型特点有目标性、群体性、发展性和整合性。它能够帮助组织建立能力、获得绩效、建构自身独特身份以及可持续发展。

应传统经济而生的传统组织学习有不少局限性。传统经济条件下，组织所面临的环境较为稳定，竞争也是在熟悉的领域中展开，组织学习如培训管理，大多按照规章制度、规范标准和运作流程来稳步推进。但带来的结果却是机械、僵硬、与业务脱节、学习转化率不高。数字经济下，移动互联网的广泛运用、新生代知识型员工的崛起、客户价值满足方式的革新，都在"倒逼"企业组织革新其学习模式。企业组织尤其需要采用"积极和敏捷"的智慧，来恰当应对新环境的挑战。

数字经济下，企业组织的成功标准更多地和用户目标达成、速度和创新等有关。按照巴纳德组织三要素理论，还是有目标系统、管理系统和激励系统。但是三大系统的内涵已经发生很大的变化。乌卡时代的组织目标，精确地预测很难，因此要有里程碑的约定，方向大致明确即可。就管理系统而言，数字经济下的组织管理机制，更偏向于赋能、共情共创，而不能像在工业时代那样，沉溺于单边控制或者金字塔式的层级模式。在成员激励方面，也要注意互相成就，共情共创共担和共享。

数字经济下的这些新成功要求，给个体与组织能力提出了更高要求。"旧经济"下，企业传统的培训和学习，比较追求知识的传授、技术性问题的解决，对经营管理中的复杂性和动态性考虑不足。著名学习专家克努兹·伊列雷斯在《我们如何学习》一书中提到，理解和分析学习过程需要从三个维度入手，即互动维度、内容维度和动机维度，并以此为基础构建出"学习三角形"。在他看来，内容维度是学习什么，如知识、理解、技能等。动机维度是关于为什么学习，这里有动力、情绪和意志等。这个也和学习者在学习过程中所呈现出来的心智能量有关。当然，学习什么和为什么学习是相辅相成和互相促进的。互动维度则是怎么学习，这里有活动、对话与合作等行动层面的方法。这一"学习三角形"和管理三维学习模式异曲同工。基于数字经济，三维管理学习模式可以帮助组织进行学习的变革。图6-1为数字经济条件下企业组织展开有效学习的脉络。

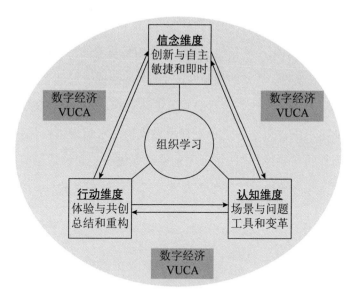

图 6-1 组织三维学习

6.1.3 组织学习的价值

在数字经济条件下，组织信知行三维管理学习的价值体现在以下几方面：

首先，通过知识学习和践行，促动组织学习主体实现知行合一。数字经济时代，信（being）使得组织学习主体对自身文化建设更为重视，并对选择什么样的员工和组织结成命运共同体，也增加了更多的测评和评估方法。敏捷共创文化吸引精兵强将，有助于企业组织行走在方向正确的大道上。知（knowing），即新知识、新工具、新视角则能够打开学习主体的眼界，有助于创新和拓展。通过以知践行的学习方法，帮助组织获得阶段性成功。行（acting），行动、互动、落地等能够有助于组织主体获得物质层面的成功，获得集体成功。反过来看，集体成功能够通过"以行促知"的学习方法，帮助组织萃取案例、形成模式和提炼出显性知识。这些知识和模式又会验证组织层面的信念和文化。如此循环和互构，形成推动组织持续发展的力量。除此以外，数字化经济条件下的组织学习最重要的特征就是不确定性，如信息获得的易变性、认知的模糊性、行动与实践囿于局部有效等。知-信-行三维管理学习模式，一方面帮助学习主体进行认知升维和行动降维，另一方面促动学习主体对学习过程进行反思重构；对信念进行优化升级，并反复强调场景的重要性。这些特征无疑能够促进在不同场景下的知行合一，既有灵活性，又有有效性。图6-2为学习三维间的相互关系。

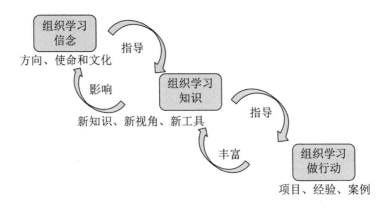

图6-2　学习三维间的相互关系

其次，组织层面的知-信-行三维管理学习有助于企业组织建设敏捷团队，共创共担和共享。团队学习和团队解决问题是密不可分的。数字经济条件下，知-信-行三维管理学习模式有助于不同团队建设流程清晰、工具丰富、内容饱满和目标明确的学习组合。比如在初期，可以进行内容类、工具类和流程类知识的导入，赋能团队学习者就特定主题展开讨论。到了中期，催化师促动团队萃取基于现实的问题，用团队列名法来辨认和"认领"关键问题。在此基础上，进行理论和实际的结合，系统有序地分析问题、调研问题，并得出团队层面的分析结论。到了后期，再借助甘特图等方法，促动团队成员去设计解决问题的方案，并充分考量决策主体、资源调配、人马安排、结果和风险预测等行动性的要素，最终促进问题的解决。团队学习过程，通过过程设计、方法运用、催化教练、群策群力、任务到人等立体方法，能够充分激发团队成员的学习积极性。高强度、沉浸式、组间 PK 氛围、催化调节等体验式过程，有助于强化成员的求知欲、成就感和意义感。三维管理学习有助于组织培养富有学习力、战斗力和适应力的团队。图 6-3 为团队学习步骤。

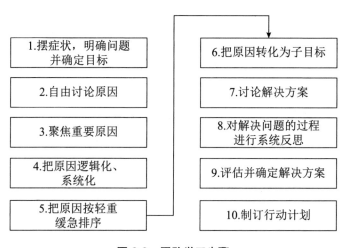

图 6-3　团队学习步骤

最后，知 - 信 - 行三维管理学习能够有效帮助组织学习者在数字化时代快速构建组织知识库，更好地指导组织行动实践与战略落地，促进形成稳定的常态学习与创新模式。在此基础上，再经过复盘，归纳总结组织过往经验，形成模式并加以复制。实际上，在企业组织不同发展阶段，知 - 信 - 行三维学习的原则、策略和方法有所不同。在企业发展初期，组织学习是"以行动和项目为主"，帮助企业快速建立市场优势和建立生存基础。到了企业快速成长期，组织已经积累了经验，形成了稳定的发展模式。这时候的组织学习是"以知为主"，促进企业组织显性知识的传播，促进品牌建立和夯实竞争壁垒。如果发展顺利，企业组织演变到系统成长期。这时候组织能够将群体成功经验进行抽象归纳，并形而上学化，总结出公司文化和信念。在这个阶段，企业学习就会"以信念、原则和标准为主"。组织学习一方面帮助新员工熟悉企业文化和组织常规；另一方面，促进老员工传承文化并加以创新。

6.2 组织学习和三维管理学习

6.2.1 组织学习面面观

卡普兰和诺顿提出的平衡计分卡提醒我们，在组织进行战略落地和绩效管理过程中，成员的学习和发展能力是组织流程运行、客户或利益相关者需求满足以及财务绩效指标获得的起点。在数字经济时代，学习和成长与员工能力提升变得更为重要！企业一方面通过有组织、有步骤地组织成员学习、拓展、带着问题学习来打造新能力；另一方面也可以通过寻找和整合具有新能力的员工加入组织，来创建组织新能力。无论是商业模式落地，还是新价值创造，或者是挖掘并满足客户需求的创新活动，都是需要人尤其是有能力的人来进行执行和落地。这一过程就是组织知识的建构与应用、组织知识的创新与共享，组织知识的积累与传递。

在阿吉里斯和舍恩看来，"组织学习是为了促进组织的长期效能和生存发展，在回应环境变化的实践过程之中，对其根本信念、态度行为、结构安排等进行的各项调整活动"。阿吉里斯明确指出"组织防卫"是组织学习的最大障碍。如何逾越组织防卫？组织则需要有学习策略和系统方法。

野中郁次郎认为组织学习就是将组织成员头脑中有价值的知识，进行提取和加工并在组织中进行应用与扩大的过程。他提出 SECI 模型。他将组织中的知识分为显性知识与隐性知识：能够使用语言或本文进行传播和共享的知识是显性的；直觉的、独特的、只可意会不可言传的知识则是隐性的。企业的知识创新就是在两种不同知识类型之间加以转化才得以实现。两类知识相互作用与转化，产生四种学习策略或方法，社会化或共同化（socialization，S）、外显化或表出化（externalization，E）、融合化或联结化（combination，C）以及内隐化或内在化（internalization，I）。

彼得·圣吉创建的组织学习理论，阐明了组织学习的应然逻辑。但在实际运行中，组织作为管理学习主体很难在五个方面"全面开花"。

以上内容都在一定程度上揭示了组织学习的过程与活动特点，对于理解组织学习与组织转型发展之间的"黑箱"机制有重要价值。阿吉里斯倡导的双环学习理论，是从适应性的角度看组织学习动机。他较为关注组织学习中"信"这一层面。野中郁次郎则是从信息的角度，即从组织学习"知"的这一面入手，阐明组织学习机制。彼得圣吉提出学习型组织，从五个方面试图帮助组织主体找到有效学习的方法，属于"行"这一维度。但三位学者都是各执一端、各有侧重。那么，如何整合组织学习的信、知和行呢？三维管理学习模式提供了整合的原则和方法。

6.2.2 三维管理学习在组织中的运用

在这一部分，我们首先考察知-信-行三个维度在组织学习中的表现。接着再阐述三维间的互相作用以及如何建立组织三维学习机制。

三维管理学习中的信在组织学习中，体现为信念、使命和文化。组织在创立、成长和发展壮大过程中，取得一个又一个群体的物质成功，如客户数量的增多、市场空间的扩大和产品线的丰富等。有了积累以后，组织主体会总结归纳过去的成功经验，并将群体长期有效解决问题的方法加以模式化并形成组织文化。再和企业创始人个性、事迹、话语、经历等进行结合，形成立体的多层次的文化集合。这些类似于组织灵魂的信念和文化导向，需要组织成员习得和内化。其中的策略就有观摩体验、阅读故事、以英雄为榜样、加强行为规范等。比如华为创始人任正非的个性、价值观、对财富和人性的态度，和华为连续成功的物质面进行结合，形成华为文化和价值观。华为在对新员工进行融入管理的时候，会通过师徒制度、培训制度和考核制度等方式来"濡化"新员工，使其"入模子"，并在较短时间内帮助新员工认同组织文化。信念和文化对统一员工思想和行动有很大价值。

三维管理学习中的知，在组织学习中体现为成功案例、组织知识库、管理制度和流程规则等显性知识。纵观企业发展历史上耳熟能详的最佳管理实践如梅奥霍桑实验、鞍钢宪法、自主经营体、零库存、铁三角、阿米巴等都属于组织范畴的显性知识。具体到微观组织，其研发流程、营销流程、社会责任流程；财务制度、招聘制度、考核制度、薪酬制度等也都是在组织中流通和推广的显性知识。在企业培训过程中，会将其纳入员工"应知应会"的范畴。在我国很多企业中，组织学习的知识需要和任职资格体系进行挂钩，帮助员工利用碎片化时间，配合以体系化运营，系统化提升员工集体作战能力，做到更有效率地完成任务。

三维管理学习中的行，在组织学习中体现为解决问题的过程，包括执行主体、资源配置、风险预测和控制等。有效的"行动"是三维管理学习中最为主要的！它既需要学习主体掌握知识，又要对经验进行传承与扩展，还有面向未来的商业模式的测试和试错。最重要的是，还需要对组织信念有坚守。所谓运用之妙存乎一心。在组织三维管理学习过程中，"行"也是检验组织学习信和知是否有效的试金石。可谓"实践是检验真理的标准"。

在对组织学习中的知 - 信 - 行的内涵做了阐述以后，再来考察三个维度之间的关系，并观察三维之间的互相作用机制，这对理解数字经济条件下的组织学习大有裨益。

首先，信念文化与知识认知之间是互相作用的。一方面是"信念和文化影响主体对新知的选择";另一方面"知识会将文化或者信念加以体系化和显性化"。比如字节跳动的文化导向是始终创业和多元兼容,这就使得其员工会关注创业、敏捷、主动求变、企业家精神等领域的知识,做法和案例。这样的组织信念也会提醒组织成员沿着公司的战略范围,在特定业务领域中持续学习新知,并根据外部市场环境的变化来建构知识体系。与此同时,公司的知识积累、工具案例又会和文化进行结合,将无形的"信"结构化为组织常规和行为规范,帮助新来的伙伴迅速习得"字节范儿",提升组织集体战斗力。

其次,组织学习中信念文化和行动经验之间的关系也是互相的。从一方面看,组织文化是组织中好坏事物的参考答案或者是非标准。它通过规范、惩罚机制影响员工行为。比如华为文化倡导"以客户为本"的价值,这个递延到一线员工的行为,就是全方位、全天候和全流程地挖掘和满足客户需求。从另一方面看,行为、项目和取得的业绩又会反过来丰富文化的内涵。在新环境下的新做法,也会起到优化和扬弃文化的作用。

再次,组织学习中知与行的关系是更为密切的。一方面,企业在业务领域中积累的组织常规、制度规范和命令协调模式,指导员工的日常活动和沟通方式,即以知践行;另一方面,组织中的项目、落地、创新活动能够加以总结归纳,并形成组织中的显性知识,即以行促知。在组织学习过程中,组织层面的知和行是互相影响和整合一体的。

最后,组织学习中知行一体和信念文化的联结。在企业组织中,知识体系与实践体系往往是共同发展的。优秀的公司往往能够将战略分析、战略制定到战略执行进行有机联结,做到知行合一。知与行是具体性和日常性的。组织中的信是原则性和无形性的。知与行的有机互动能够进一步促进组织重新审视初心和目标,并不断优化自身的价值观念、文化体系和共享愿景。知行合一的公司战略落地以后,获得集体层面的物质成功。集体成功催生或优化组织层面的文化和信念。或者以此为基础,提炼出更加合理的价值观。图 6-4 归纳了组织三维管理学习和维度间的联结互动关系。

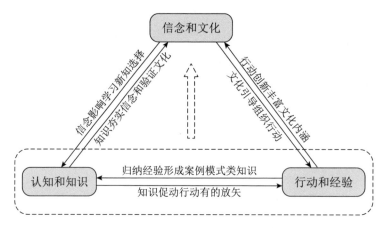

图 6-4　组织三维管理学习和维度间的联结互动关系

数字经济条件下，企业组织学习更需要用对方法，提升学习效率。三维组织学习对新人融入有很大价值。以信引行和以信择知的学习机制能够更好地帮助 HR 部门来进行文化导入。在帮助管理者适应组织的过程中，以行动为导向的策略更为有效。对于崇尚创业文化的公司来说，以行动和实践为主的学习策略也是更能产出成果的。比如企业可以在创新业务、增量业务部分设立"小老板的赛马机制"，营造氛围，做好规则，设计人才辈出的培训管理和开发管理制度，提升组织集体战斗力和持续学习的能力，赢得竞争。

6.3　三维组织学习策略

学习型组织在不同发展阶段，所采用的三维学习策略各有侧重。根据企业生命周期原理，我们了解到企业组织的生长、发育、成长和成熟的脉络与规律。从组织学习的角度来看，组织也能够通过建立学习机制来助力不同阶段之间的过渡和跃迁。这部分从三维管理学习的角度，讨论组织转型升级的过程中，如何通过不同的学习策略，助力企业成长和跃迁。下面从三个方面来论述组织三维管理学习策略。首先是以信念为中心的学习策略，即以信引行和以信择知策略。这里考察组织文化和理念，如何帮助学习主体选择认知模式和知识建构，同时引导行动变化和落地执行。其次是以知识为中心的学习策略，即以知践行，考察认知体系和新知识，如何通过设计思维促动企业主体的行动变革，同时通过和信念维度的结合，来实现信念升级，夯实新知所带来的组织变革成果。最后是以行动为中心的学习策略，通过以行促知和以行验信的机制，来促动知识的更新和信念的升级演化。

6.3.1 以信念为中心的学习策略：以信引行和以信择知

信念和文化这一维度在组织学习过程价值很大。它指明组织未来发展的愿景目标，描绘员工和团队的行为规范，同时也是组织为何存在以及如何存在的根本性解释。组织的信念和文化价值观对成员的知和行影响颇大。信念驱动组织主体去学习新知并升级知识结构；文化引导成员行为规范，并帮助企业执行战略。

在企业不同发展阶段都存在信念和文化。但内容和重点有所不同。其中高层管理者，尤其是创业团队开始对组织文化的设计、对信念的选择，会给组织文化和信念埋下"种子"。《奈飞文化手册》很好地诠释了组织信念和文化对员工知行的影响："归根结底，文化就是有关员工如何工作的一种战略。如果加入企业的员工相信这种战略，就会帮助企业进行更深入的思考，并作出各种尝试。想要更好地应对当前变幻莫测的市场和业务……我们希望（利用文化）激发所有员工来思考，来尝试。"

随着企业的发展，文化和信念并不是一成不变的。相反地，它们需要更新和迭代。《奈飞文化手册》说道：

> 循序渐进地试验并允许文化主题的多样性是至关重要的，不同团队领导者可能有不同的方式来适应文化实践，团队和部门可以有他们自己的文化，也可以吸收一些共同的基本原则……成功的文化变革的另一个基础是坦诚对待挑战以及未来发展的本质……当员工感到自己有更多权力、对自己的事业有更多掌控时，他们会更加自信，更加畅所欲言、敢于冒险、敢于纠错并勇于担责……不断提醒你自己，员工都是有权力的，你的工作不是要交给他们权力，而是要欣赏他们的权力，并将之从繁文缛节中解放出来。

再比如，在纳德拉担任微软 CEO 以后，他也是以组织文化为杠杆来进行组织转型的。通过提倡"共情和成长性思维"的文化理念，纳德拉要求公司展开广泛讨论，如何和同事共情以优化组织协作氛围？如何和客户共情，让组织的技术服务于大众？如何和自我共情，变得更为柔软和开放？与此同时，微软还通过制度抓手，尤其是绩效考核制度中 KPI 的设计，引导员工将注意力集中到研究客户需求上。通过以信引行和以信择知的学习策略，微软能够更好地适应云时代和数字经济时代的要求并顺利转型。经过培养成长型思维、培育共情文化以及实施配套的人力资源管理制度，微软再次成为投资者眼中的绩优公司、员工眼中的最佳雇主。

6.3.2 以知识为中心的学习策略：以知践行和以知笃信

组织学习中的"知"和企业的知识积累、组织记忆以及经验萃取有关。它包含经营管理过程中的案例萃取、业务领域中的技术标准与手册、企业客户管理的模式和方法等。有了这些集体知识，组织成员的行动更加有的放矢，避免少走弯路。20 世纪 60 年代风靡我国企业界的"鞍钢宪法"，就是以知践行的典范。"鞍钢宪法"是鞍山钢铁公司于 20 世纪 60 年代初总结出来的企业管理模式。其中的主要内容有"强调要实行民主管理,实行干部参加劳动,工人参加管理,改革不合理的规章制度,工人群众、领导干部和技术员三结合"(即"两参一改三结合")。这一模式对鞍钢的可持续发展起到很大的作用,也被其他企业所借鉴。

以知笃信的学习策略指的是组织中的知识积累,如产品技术的创新、客户管理流程和窍门、竞争对手分析的资料库等是组织的显性知识,通过和传帮带、规范模仿等隐性知识建构方式的有机结合,能够更好地帮助员工学习和内化。当隐性知识和显性知识互相作用以后,还会形成组织常规(organizational routines)。组织常规是稳态的、重复的、理性的,这对组织的可持续发展起到难以估量的作用。

6.3.3 以行动为中心的学习策略:以行促知和以行验信

管理思想实际上和管理实践与经验是息息相关的。所谓实践出真知。在总结组织层面的经验时,复盘是主要的方法论。它是在已经完成的事件中,通过对事件的重新演练,分析当时情境中的目标、制定决策时所考虑的要素、决策执行过程、决策结果监督等来发现其中的问题。学习主体通过总结分析,获得新的认知体系并指导未来的组织发展与行动实践。当把一件事做完以后,无论做成功了还是做失败了,都要重新演练一遍,分析当时的目标是什么,当时做的时候以为环境会怎样变化,怎么做的战略,怎么执行的,最后结果又如何,每次都不断总结,慢慢就会总结出带有规律性的东西。复盘既是对过往经验的重新审视与反思,更是对未来挑战的预判预估和思考。当组织对多个事件进行复盘后,就能够总结出相关领域中的特定的知识,也会在复盘中重新审视战略布局与发展愿景。因此,行动经验复盘能够很好地驱动组织学习认知与信念变革。

6.4　组织学习和未来

未来的组织都是学习型组织。在佩德勒看来，学习型组织需要做到：用学习的方式研发战略；设计参与程度高的政策和制度；运用信息科技赋能员工得到信息和动力去提出问题和解决问题；建立问责和控制系统来协同员工学习；优化组织结构，去除沟通和学习的障碍；设立跨界职位以及监察环境和回应环境等。这些特点都要求企业组织重构学习理念，优化培训方法和夯实员工能力持续提升的基础。在三维管理学习看来，面向未来的学习型组织要注意以下几个方面：

首先，要在信念和文化层面打下良好的基础。这里很重要的是要向哲学、宗教领域学习，也要面向未来学习，以此为基础来设立组织的使命愿景和价值观。这在党中央倡导的共同富裕的今天尤其重要。企业组织要想在经济、社会、政治三个维度之间保持平衡，就要设立更大的愿景和善念，才能找到平衡的力量。

第二，要采用干中学和学中干的行动学习模式，建立起以行动和实践为导向的学习机制。面向未来，过去的群体经验可能不再有用，因此实验、孵化、混搭等方法就显得尤为重要！比如随着用户需求的升级，尤其是在社会性和审美性方面的需求出现，企业更是要进行持续创新才能找到商机。组织学习一方面要有目的，另一方面又要注意注重采用科学的方法和可靠的流程。只有逐步积累，方能获得能力和优势。

第三，更多地进行共创式学习。围绕特定领域的问题，组织小伙伴们讨论学习，互相激发和启迪思路。比如在华为就有红军和蓝军的对垒、质疑和辩论。这里非常重要的是要在不同群体之间建构平等和坦诚的文化氛围,引导大家都定睛在更有价值的目标上和更大范围的责任与善意上。

第四,学习型组织需要重视知识管理,要建立自身的知识库,并设立分享机制。在组织学习制度设计过程中,要和员工任职资格体系管理进行有机结合。这样能够实现从企业"要我学"转化成员工自发自愿的"我要学"。在企业组织中要建立专家系统、管理系统和其他系统来夯实组织能力,提升集体战争力。

第五,要善于运用各种非正式场合或者"吧",来将组织中的经验和隐性知识加以显性化和编码化,以便更好地进行代际传承和传播。借助互联网,构建企业知识平台、云服务机制和传播网络,形成知识赋能的各种场景。

最后,企业还要建立职能和保障机制。未来组织中,应该设立首席知识官。首席知识官需要在传统培训和开发职能上增加新的职能和任务,比如要增加知识管理的监督者、组织者和开发者等角色。知识的组织者,关键任务是建立可靠的制度和系统的方法来促进学习。知识的监督者,负责检测和保证学习的质量。知识的开发者,注重企业隐性知识的发掘、传播和利用,并创办内部刊物来发挥影响力。其他还有知识的储存者和评估者等角色。图6-5刻画了面向数字经济的组织学习。

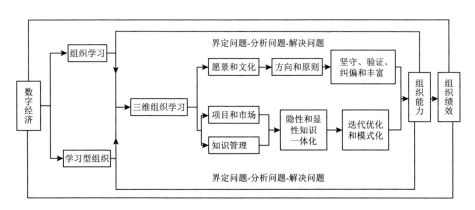

图6-5　组织学习和敏捷适应能力

参考文献

[1] 巴纳德. 经理人员的职能 [M]. 北京：中国社会科学出版社，1997.

[2] 圣吉. 第五项修炼：学习型组织的艺术与实践 [M]. 张成林，译. 北京：中信出版社，2009.

[3] 德鲁克. 卓有成效的管理者 [M]. 许是详，译. 北京：机械工业出版社，2005.

[4] 曹德旺. 心若菩提 [M]. 北京：人民出版社，2014.

[5] 尤里奇，艾伦，布罗克班克，等. 变革的HR：从外到内的HR新模式 [M]. 朱翔，蒋雪燕，陈瑞丽，等译. 北京：机械工业出版社，2020.

[6] 珀金斯，霍尔特曼，墨菲. 沙克尔顿的领导艺术：危机环境下的领导力 [M]. 冯云霞，笪鸿安，孙怀宁，等译. 2版. 北京：电子工业出版社，2013.

[7] 稻盛和夫. 阿米巴经营 [M]. 陈忠，译. 北京：中国大百科全书出版社，2009.

[8] 梅多斯. 系统之美：决策者的系统思考 [M]. 邱昭良，译. 杭州：浙江人民出版社，2012.

[9] 冯云霞，武守强. 行动学习：见自己，见他人和见天地的利器 [J]. 清华管理评论，2018, 59(3):58-63.

[10] 冯云霞，朱春玲，等. 管理沟通 [M]. 北京：中国人民大学出版社，2020.

[11] 冯云霞. 沟通、意义和组织化行动研究 [J]. 学海，2007(1):172-176.

[12] 明茨伯格. 管理至简 [M]. 冯云霞，范锐，译. 北京：机械工业出版社，2019.

[13] 巴尼. 获得与保持竞争优势 [M]. 王俊杰，译. 北京：清华大学出版社，2003.

[14] 菲佛, 萨顿. 管理的真相——事实、传言与胡扯 [M]. 闫佳, 邓瑞华, 译. 北京: 中国人民大学出版社, 2008.

[15] 维克. 组织社会心理学: 如何理解和鉴赏组织 [M]. 高隽, 译. 北京: 中国人民大学出版社, 2009.

[16] 阿吉里斯. 个性与组织 [M]. 郭旭力, 鲜红霞, 译. 北京: 中国人民大学出版社, 2007.

[17] 阿吉里斯. 组织学习 [M]. 北京: 中国人民大学出版社, 2004.

[18] 阿吉里斯, 舍恩. 组织学习Ⅱ: 理论、方法与实践 [M]. 北京: 中国人民大学出版社, 2011.

[19] 克里斯滕森, 安东尼, 罗恩. 远见: 用变革理论预测产业未来 [M]. 王强, 译. 北京: 商务印书馆, 2012.

[20] 伊列雷斯. 我们如何学习: 全视角学习理论 [M]. 孙玫璐, 译. 北京: 教育科学出版社, 2014.

[21] 库伯. 体验学习: 让体验成为学习和发展的源泉 [M]. 上海: 华东师范大学出版社, 2008.

[22] 瑞文斯. 行动学习的本质 [M]. 郝君帅, 等译. 北京: 机械工业出版社, 2016.

[23] 斯格特, 戴维斯. 组织理论: 理性、自然与开放系统的视角 [M]. 高俊山, 译. 北京: 中国人民大学出版社, 2011.

[24] 鲁梅尔特. 好战略, 坏战略 [M]. 蒋宗强, 译. 北京: 中信出版社, 2012.

[25] 卡普兰, 诺顿. 平衡计分卡——化战略为行动 [M]. 刘俊勇, 等译. 广州: 广东经济出版社, 2004.

[26] 马丁. 整合思维 [M]. 胡雍丰, 等译. 北京: 商务印书馆, 2010.

[27] 海费茨. 并不容易的领导艺术 [M]. 伍满桂, 译. 北京: 商务印书馆, 2016.

[28] 卢森堡. 非暴力沟通 [M]. 阮胤华, 译. 北京: 华夏出版社, 2009.

[29] 福列特. 福列特论管理 [M]. 北京: 机械工业出版社, 2007.

[30] 纳德拉. 刷新: 重新发现商业与未来 [M]. 陈召强, 等译. 北京: 中信出版社, 2018.

[31] 苏敬勤, 贾依帛. 案例行动学习法: 案例教学与行动学习的结合 [J]. 管理案例研究与评论, 2020, 13(3):345-355.

[32] 霍伊, 米斯克尔. 教育管理学: 理论·研究·实践 [M]. 北京: 教育科学出版社, 2007.

[33] 武守强, 冯云霞. 万恩: 管理创新与组织变革共进 [J]. 企业管理, 2016(12):60-62.

[34] 武守强, 冯云霞. 修辞视角下组织合法性的话语构建——以中国百胜和麦当劳为案例 [J]. 经济管理, 2018, 40(1):92-108.

[35] 希特，米勒，科勒拉. 组织行为学：基于战略的方法 [M]. 冯云霞，笪鸿安，译. 北京：机械工业出版社，2008.

[36] 马奇. 马奇论管理：真理、美、正义和学问 [M]. 北京：东方出版社, 2010.

[37] 贝格. 领导者的意识进化：迈向复杂世界的心智成长 [M]. 陈颖坚，译. 北京：北京师范大学出版社，2020.

[38] BARNEY J B . Firm resources and sustained competitive advantage[J]. Advances in strategic management, 1991, 17(1):3-10.

[39] CHRISTENSEN C M . The innovator's dilemma: when new technologies cause great firms to fail[M].Boston，MA：Harvard Business School Press，1997.

[40] HEIN G E.Constructivist learning theory [C]//CECA Conference，1991.

[41] NONAKA I . A dynamic theory of organizational knowledge creation[J]. Organization science, 1994, 5(1):14-37.

[42] NONOKA I , TAKEUCHI H . The knowledge-creating company[J]. Nankai business review, 1998, 482-484(2):175–187.

[43] SKINNER B F.Are theories of learning necessary?[J]. Psychological review,1950, 57：193-216.

后记

"学者非必为仕,而仕者必为学"。管理者对组织目标、团队员工和自我发展同时都负有责任。只有坚持学习,才能担好责任、贡献绩效和提升自己。其中战略洞察力、关系共情力和自我反思力是管理者必备的能力和本领。这些本领要通过"立大志"、学理论、多实践,即在信 - 知 - 行三个维度进行反复联结和学习才能获得。

管理者学习不是找现成的答案,也不是学简单的知识,而是丰富和优化自身的思维方法。如何优化思维掌握本领,并适应形势和有效解决问题?本书提供了钥匙和路径。

管理者学习过程中,首先要注意和关注的是自身的立场、信念和"心中贼"。在信念的理解和习得中,事上练是重要的方法论。除此以外,还需要向理论学习、向高人学习、向自己的经验学习。有了信念和自律,才能对"心中贼"有警觉、对妄念盲点"常省省"。其次,管理者要注意学习理论和知识,提高自己掌握事物规律的能力。比如组织理论、组织行为、战略管理、流程管理、营销管理、数字化等。在信念和认知的互动过程中,信念的清晰、使命的导入和"人生为一大事来"的定位,能够赋予学习者内在的力量,促动其学习的热情、强度和耐力。本书所提到的优秀管理干部，都是心中有定位、肩上有责任、不畏苦与难的大写的人。他们都具备"学霸"的博闻强记能力、坚定的政治信念，并能够在不同场景中纵横捭阖，取得绩效。在以信择知和以知笃信相互作用过程中，管理者还要有"从战争中学习战争"的实践过程。"纸上得来终觉浅，绝知此事要躬行"，管理就是实践。通过实践行动以及执行和落地，管理者能够磨炼意志、丰富经验和解决问题。

本书还强调信念-认知-行动之间的关系并不是线性的、静态的和一次性的，而是循环的、持续的和动态发展的。在不同岗位上，管理学习主体需要在信-知-行、行-知-信、知-行-信不同过程中坚持学习和持续学习，矢志不渝，才能有所突破。唯有披荆斩棘，才能成为既能头顶星空又能脚踏实地，既躬身入局又能出乎其外，更超乎其上的优秀管理者。

在未来，企业组织面临诸多机遇和挑战，既有源自技术进步的机会，又有组织转型的压力，还有新老交替的待机矛盾，管理者作为企业关键和重要的力量，需要对组织目标有坚定不移的信念，对经营管理规律有认知和把握能力，更要对落地执行有勇气和担当，这样才能帮助组织实现目标。衷心希望本书能够帮助管理学习者成为卓有成效的管理者和能够终身成长的人！

中国人民大学商学院　教授　冯云霞

2022 年 6 月于北京　人济山庄